Ludwig Scharinger
mit Josef Ertl

NACH MEINER TROMPETE

Ludwig Scharinger
mit Josef Ertl

NACH MEINER TROMPETE

Visionen ohne Taten bleiben Träume

Mit einem Vorwort von Michail Gorbatschow
und einem Beitrag von Helmut Sohmen

ecowin

Ludwig Scharinger
mit Josef Ertl
Nach meiner Trompete
Visionen ohne Taten bleiben Träume
Mit einem Vorwort von Michail Gorbatschow
und einem Beitrag von Helmut Sohmen

FSC
Mix
Produktgruppe aus vorbildlich bewirtschafteten Wäldern
und anderen kontrollierten Herkünften

Zert.-Nr. SGS-COC-004295
www.fsc.org
© 1996 Forest Stewardship Council

Das für dieses Buch verwendete FSC-zertifizierte Papier
EOS lieferte Salzer, St. Pölten

Umschlagidee und -gestaltung: **kratkys.net**

1. Auflage

Coverfoto Scharinger: Martin Vukovits
Autorenfoto hintere Umschlagklappe: RLB OÖ
Gesamtherstellung: www.theiss.at
Gesetzt aus der Sabon
Printed in Austria
ISBN 978-3-7110-0000-2

1 2 3 4 5 6 7 8 / 12 11 10

www.ecowin.at

Inhaltsverzeichnis

Man kann nichts ohne Dialog und gegenseitige Hochachtung erreichen

Vorwort von Michail Gorbatschow

Im 20. Jahrhundert mussten Europa und die ganze Welt zerstörerische Kriege überleben. Heute, im dritten Jahrtausend, nach Beendigung des Kalten Krieges, des Wettrüstens und der Konfrontation zwischen der NATO und den Mitgliedsländern des ehemaligen Warschauer Paktes, haben wir eine reelle Chance, gemeinsam auf sehr ernste Herausforderungen zu antworten, vor denen die Menschheit steht. Dabei muss man sich bewusst machen, dass die neuen Aufgaben so schwierig sind, die Bedrohungen so einmalig und präzedenzlos, dass von den Politikern eine außerordentliche Verantwortung verlangt wird.

Vor einem Vierteljahrhundert begann die ehemalige Sowjetunion, aus dem Zustand der Stagnation herauszukommen. Und vor mehr als 20 Jahren begannen mit dem Fall der Berliner Mauer außerordentlich tiefgehende politische Veränderungen im Weltmaßstab. Die Zeit dafür war gekommen. Dabei besaßen die Menschen der damaligen politischen Generation genügend Mut für die Durchführung von Veränderungen auf dem Gebiet der Sicherheit und des sozialökonomischen Lebens der Völker.

Heute bin ich überzeugt, dass der Kurs der Perestroika zur Errichtung eines gesamteuropäischen Hauses so aktuell wie früher und außerordentlich aussichtsreich ist. Natürlich wird es zwischen den europäischen Ländern immer historische und kulturelle Unterschiede geben. Eigentlich sind diese zur Widerspiegelung der nationalen Besonderheiten – der Heimatliebe und des nationalen Selbstbewusstseins – sogar notwendig. Jedoch wird die Europäische Union, die sich in den letzten Jahren und Jahrzehnten sowohl durch Aufnahme von neuen Mitgliedsländern als auch funktionell erweitert hat, auf sich allein gestellt kaum die Rolle eines Motors für positive Veränderungen erfüllen können. Für mich bleibt weiterhin unbestritten, dass ohne Russland keine durchdachte, auf die Zukunft abzielende Vereinigung Europas möglich ist. Die vereinten Anstrengungen der Europäischen Union und Russlands in unserer noch nicht sehr stabilen Welt nach der Wirtschafts- und Finanzkrise bieten breite Möglichkeiten für ein effektives Zusammenwirken, insbesondere auf dem Gebiet einer gegenseitig vorteilhaften wirtschaftlichen Zusammenarbeit, die berufen ist, das Lebensniveau der Bürger und die allgemeine Konkurrenzfähigkeit des Kontinents im wirtschaftlichen Wettbewerb zu erhöhen.

Es ist für mich sehr angenehm, dass ich in Europa einflussreiche Gleichgesinnte habe, zu denen natürlich auch mein österreichischer Freund Ludwig Scharinger gehört, ein Mann, der auf den ersten Blick unvereinbare Eigenschaften in sich vereint. Einerseits erscheint er mir als ein effektiver Manager und andererseits als ein Mensch mit einem großen sozialen Herzen. Dazu besitzt er einen weiten Horizont und eine große Beobachtungsgabe in internationalen Angelegenheiten, wovon ich mich während meiner mehrmaligen Besuche in Linz sowie im Verlauf unserer Begegnungen in Moskau überzeugen konnte. Dank seiner unermüdlichen Tätigkeit hat die Raiffeisenlandesbank Oberösterreich weit reichende Wirtschaftskontakte mit den staatlichen Organen in Russland und unterstützt zahlreiche Projekte der verschiedenartigsten Unternehmen.

Ludwig Scharinger ist ein Mann mit Vorbildwirkung als Führungspersönlichkeit, der schnell eine gemeinsame Sprache mit den Menschen findet, der unveränderlich das Vertrauen seiner Mitarbeiter und Partner besitzt und der eine besondere Aufmerksamkeit auf die stabile Entwicklung seiner Bank und seines Landes als Ganzes richtet. Unsere gemeinsame Arbeit stand immer unter der Devise: „Man kann nichts ohne Dialog, gegenseitiges Verständnis und Hochachtung erreichen."

Sei gesund, lieber Ludwig, ich wünsche dir neue schöpferische Erfolge!

Verstehen – Vertrauen – Sicherheit
Eine Einleitung

Es war schon immer mein Bestreben, sowohl lokale, regionale als auch globale ökonomische und volkswirtschaftliche Zusammenhänge möglichst einfach und verständlich darzustellen. Möchte man etwas bewegen, muss man dazu in der Lage sein, seine Anliegen klar und pointiert zu vermitteln. Wer sich nicht einfach ausdrücken kann, wird seine soziale Verantwortung, nämlich der Gesellschaft dienlich zu sein, nicht wahrnehmen können.

Es erscheint mir wichtig, die intensive Wechselbeziehung zwischen Politik, Wirtschaft, sozialen Einrichtungen und ehrenamtlichen Aktivitäten in ihrem Facettenreichtum darzustellen. Ein autarkes Handeln in einem dieser Bereiche ist unmöglich. Als Akteur innerhalb dieser sich gegenseitig beeinflussenden Sektoren muss man sich dieser Tatsache bewusst werden und sich der Situation anpassen. Diplomatische Fähigkeiten, gespickt mit einer gewissen Bauernschläue, die mir von meinem Elternhaus mitgegeben wurde, ermöglichen es mir, meine Umgebung sinnvoll zu gestalten.

Nicht nur der unmittelbare Umkreis ist für mich entscheidend – in der heutigen Zeit muss man die Spannweite zwischen Lokalität und Globalisierung ebenso bewältigen. Der örtlichen Bodenständigkeit und Tradition, verankert in unserer Kultur, stehen offene Grenzen mit ihren internationalen Beziehungen gegenüber. Es ist mir gelungen, in meiner Zeit als Vorstandsvorsitzender der Raiffeisenlandesbank OÖ AG ein wichtiges und interessantes Netzwerk aufzubauen, das zu pflegen und zu erhalten ich mich unentwegt bemühe.

Ich hoffe, mit diesem Buch die eine oder andere Anregung zu liefern, es soll einen Lebensentwurf skizzieren, der sich von dem so manchen Managers gravierend unterscheidet. In meiner langjährigen Laufbahn war es für mich immer ganz wesentlich, eine einfache, klare Sprache zu pflegen. Gesagtes kann so Schritt für

Schritt nachvollzogen werden. Bei diesem Prozess ist es entscheidend, dass das so genannte sozialpsychologische „Aha-Erlebnis" ausgelöst wird.

Alles was nachvollziehbar ist, kann verstanden werden, und das Verstehen ist Voraussetzung für Vertrauen. Vertrauen bedeutet Sicherheit, und Sicherheit vertreibt die Angst, gibt Orientierung und wirkt motivierend. In Summe führt das zu einer positiven Grundstimmung, die wir in einer Zeit der vielen Verunsicherungen dringend benötigen.

Mit diesem Buch will ich kundtun, was und wie ich bin. Ich will mit meinen Aussagen offen und alles andere als ein Diplomat sein. Selbst auf die Gefahr hin, dass jene, die es nicht gut mit mir meinen, den einen oder anderen Ansatz finden, um zu kritisieren. Offenheit gehört zu meiner Lebensauffassung. Ich erinnere mich gerne an eine Aussage von Oberösterreichs verstorbenem Landeshauptmann Erwin Wenzl: „Ludwig, es ist besser, du hast Neider als Mit-Leider." Mit Neidern kann ich umgehen, mit Mit-Leidern hätte ich Probleme.

Ich weiß auch, dass ein Netzwerker wie ich viele Seiten und Facetten aufweist. Ich liebe nicht die Einfalt, sondern die Vielfalt.

*

Herzlich bedanken darf ich mich bei Michail Gorbatschow für sein Vorwort. Ich durfte den früheren Präsidenten der ehemaligen Sowjetunion zweimal in Linz begrüßen. Der freundschaftliche Kontakt ist seit damals über die Jahre erhalten geblieben. Sein Wunsch nach intensiven Wirtschaftsbeziehungen zwischen Österreich und Russland ist in Erfüllung gegangen. Die Raiffeisenlandesbank Oberösterreich begleitet zurzeit 392 mitteleuropäische Unternehmen auf ihrer Expansion nach Russland, im Besonderen nach Südrussland.

Dieses Buch ist auf der Basis von intensiven Gesprächen und Diskussionen mit dem Journalisten und Publizisten Josef Ertl entstanden. Er hat meine Gedanken niedergeschrieben. Ich danke ihm für die Anregungen und für die Zeit und Arbeit, die er in dieses Projekt gesteckt hat.

Martina Wurm hat die Gespräche schriftlich aufgezeichnet, was viel Einfühlungsvermögen von ihr verlangt hat. Mein Pressesprecher Harald Wetzelsberger hat sich in vorbildlicher Weise um die Abwicklung gekümmert und sorgte für einen reibungslosen Ablauf.

Mein Dank gilt dem Verleger Hannes Steiner. Dieses Buch geht auf seine Idee und Initiative zurück. Seine Professionalität machte die Realisierung innerhalb eines Dreivierteljahres möglich.

Ludwig Scharinger Linz, im Juli 2010

Wurzeln

Der Unfall, der mein Leben veränderte
„Es war lustig, es war schön, und dann rauf aufs Motorrad ...“

Der rechte Unterschenkel war regelrecht zerfleischt, das Schienbein zersplittert, das Wadenbein dreifach gebrochen. Meine Mutter war nervlich am Ende, als sie mein Bein sah.

Der Primar der Unfallchirurgie in Freistadt wollte mir angesichts der schweren Verletzung das Bein amputieren. Eine ältere geistliche Schwester hat mich darüber informiert, weil ich ihr leidtat. Schützend hielt sie ihre Hand über mich, sie war mein Engel. Ich habe sie gebeten, meine Eltern anzurufen, um sie ins Krankenhaus zu holen. Unser Nachbar in Arnreit, Josef Lindorfer vulgo Pepi Katzinger, hatte bereits ein Auto, was zu Beginn der Sechzigerjahre für einen Bauern eine Seltenheit war. Er fuhr meine Mutter und meinen Vater ins Spital. Die Situation war dramatisch. Meine Eltern waren strikt gegen die Amputation. Sollte der Primar auf einer solchen bestehen, würden mich meine Eltern, so sagten sie zum Primar, mit dem Auto nach Linz in ein anderes Krankenhaus bringen.

Der Primar ging auf Urlaub, er wurde durch einen jungen Kollegen aus dem Krankenhaus Ried im Innkreis vertreten. Die geistliche Schwester hat sofort mit dem neuen Arzt geredet, worauf sich dieser mein Bein angesehen und gemeint hat, so könnten wir das nicht lassen. Ich wurde in Vollnarkose versetzt, der Unterschenkel geöffnet, die Knochen neuerlich gebrochen und wieder eingerichtet. Ich erhielt einen Nagel durch die Ferse, und mein Bein wurde über eine Rolle mit einem 13 Kilogramm schweren Gewicht gestreckt. Wochenlang lag ich im Bett, langsam verheilten die Wunden. Meine Situation schien mir ausweglos. Nie in meinem Leben habe ich so viel gebetet wie damals im Krankenhaus. Wenn ich nicht schlafen konnte, habe ich unzählige Rosenkränze aufgesagt. Und die geistliche Schwester hat immer dafür gesorgt, dass ich die Kommunion bekam.

Während der zehn Wochen im Krankenhaus habe ich im Radio die Kubakrise (16. bis 28. Oktober 1962) mitverfolgt. Der amerikanische Präsident John F. Kennedy hat damals den sowjetischen KPDSU-Generalsekretär Nikita Chruschtschow gezwungen, die in Kuba stationierten Raketen wieder abzuziehen. Ich habe meinen Bettnachbarn gebeten, ein kleines Radio zu organisieren. Das Ultimatum der USA an die UdSSR lief um 24 Uhr ab. Als es näher rückte, haben wir das Radio aufgedreht. Ab 23.30 Uhr wurde laufend live berichtet. Die US-Bomber waren aufgestiegen, John F. Kennedy wollte die sowjetischen Schiffe mit Raketen bombardieren lassen, wenn sie ihren Kurs auf Kuba fortsetzen würden. Um 23.52 Uhr kam die Meldung, dass das erste Schiff umgedreht habe. Die ganze Welt, so der Kommentator, habe aufgeatmet, denn sie war kurz vor dem Beginn des Dritten Weltkrieges gestanden.

*

Übermüdung war der Auslöser meines Motorradunfalls auf der Sternwald-Bundesstraße zwischen Bad Leonfelden und Freistadt gewesen. Es passierte gegen drei Uhr früh, in der Nähe von Oberwang (Gemeinde Waldburg), als ich offensichtlich auf meiner roten 250er-SGS Puch auf gerader Strecke eingenickt war. Ich fuhr gegen den Randstein, überschlug mich und kam auf der Straße zum Liegen, vor mir das völlig zerstörte Motorrad. Ich wollte aufstehen, doch mein rechter Fuß ließ sich nicht bewegen. Ein paar Sekunden später quietschten Reifen, das nachkommende Auto kam Gott sei Dank rechtzeitig vor mir zum Stehen. Schließlich trafen Gendarmerie und Rettung ein.

Ich hatte es eilig gehabt. Ich war drei Stunden zu spät dran gewesen, hätte um 24 Uhr in der Kaserne Freistadt sein müssen. Doch zuvor war ich in Altenfelden auf einer Hochzeit gewesen, wo ich mit meiner Trompete gespielt hatte. Seit 1. Oktober 1962 war ich eingerückt gewesen, die Musiker hatten zu mir gesagt: „Wir brauchen dich, Ludwig, du musst spielen." Der Kapellmeister hatte mir dabei geholfen, am Wochenende freizubekommen. Wir hatten bis frühmorgens gespielt. Es war lustig, es war schön, und dann rauf aufs Motorrad. Ein flottes Eisen. Zuhause in Arnreit hatte ich im Vorbeifahren schnell mein Instrument abgeliefert und war weitergefahren, in Richtung Kaserne.

Zu Weihnachten durfte ich endlich vom Spital nach Hause. Ich hatte einen Gips, der mich aber nicht daran hinderte, am Stefanitag schon wieder auf einem Ball zu spielen. Bei Hochzeiten habe ich auch wieder geblasen, aber den Kirchenzug, sagte ich zu meinen Freunden, müssten sie allein spielen, denn ich konnte beim Gehen mit meinem Gipsfuß nicht mithalten. Der Unterschenkel war ein halbes Jahr lang eingegipst.

Im Jänner 1963 habe ich im Bildungshaus Puchberg bei Wels einen vierwöchigen Bildungskurs belegt. Damals lernte ich Eduard Ploier kennen, der mir zeitlebens ein großes Vorbild blieb. Weitere Vortragende waren unter anderem der ÖVP-Abgeordnete und Bildungssprecher Josef Gruber sowie der Bürgermeister von Schwanenstadt, Rudolf Staudinger, ebenfalls Abgeordneter zum Nationalrat. Sie waren große Persönlichkeiten, die uns alle gefordert und damit richtig gefördert haben. Ich bin bei diesem Bildungskurs aufgeblüht und habe gespürt, dass ich in fast allen Bereichen souverän mithalten konnte. Ob das Redeübungen waren oder Aufgabenstellungen zur Innen- und Außenpolitik, ob das aktuelle Fragestellungen oder vor allem lebensbejahende und lebensgestaltende Themen betraf – ich war gut dabei. Bei diesem Bildungskurs habe ich den Mut gefasst, ausbildungsmäßig weiterzumachen, zumal ich wusste, dass mir schwere Arbeit auf dem Bauernhof, die ich immerhin sieben Jahre lang verrichtet hatte, aufgrund meiner Verletzung nicht mehr möglich sein würde. Zu dieser Zeit war ich auch Orts- und Bezirksreferent der Landjugend und hatte damals den Bezirksbauernkammersekretär Rudolf Hofbauer näher kennen gelernt. Nachdem ich wusste, dass ich etwas Neues beginnen musste, bin ich zu Hofbauer in die Bezirksbauernkammer gefahren und habe ihn um Rat gefragt, ob ich nach Wieselburg gehen solle, um die fünfjährige landtechnische Mittelschule zu machen. Er, zeitlebens treuer Begleiter und Ratgeber, hat gleich gemeint: „Das ist g'scheit", und hat einen Brief an das Francisco Josephinum in Wieselburg (Niederösterreich) geschrieben. Somit war sicher, dass ich diese Mittelschule absolvieren würde, sofern ich die Aufnahmeprüfung schaffte.

Zu Hause war die Situation durch meinen Unfall unklar. Es war vorgesehen gewesen, dass ich den Hof übernehmen würde, aber meine Eltern wussten nicht, ob ich durch die schwere Verletzung körperlich dazu in der Lage war. Eines Tages ist dann ein Brief von der Mittelschule gekommen. „Da", sagte meine Mutter zu mir, „da ist ein Brief aus Wieselburg – Francisco Josephinum Wieselburg." Weil meine Eltern von meinem Vorhaben noch nicht die geringste Ahnung hatten, bekam ich vor Aufregung einen roten Kopf. „Ich hab' mich für Wieselburg angemeldet", sagte ich. „Geh", meinte sie misstrauisch. „Ja", war meine Antwort, „und das ist die Einladung zur Aufnahmeprüfung." – „Hast du schon mit dem Vater geredet?", fragte sie. „Nein." – „Dann musst du es ihm aber jetzt gleich sagen."

Ich sehe ihn heute noch vor mir. „Na ja", hat er geseufzt, tief Luft geholt und geschluckt, „vielleicht ist das eh das G'scheiteste. Müssen wir halt auf den Sepp warten."

Mein Bruder Josef, fünf Jahre jünger als ich, war nun auserkoren, den Hof zu übernehmen. Meine Eltern hatten nichts mehr gegen mein Vorhaben einzuwenden, denn sie waren überzeugt, dass ich mir die Sache sowieso nicht mehr würde ausreden lassen.

Ich kann mich noch gut daran erinnern, wie ich von zu Hause weggefahren bin. Als ich mich von meinem Vater verabschiedet habe, sind ihm die Tränen gekommen. „Mein Gott", hat er gesagt, „ich hätte dir doch das Haus gegeben. Gehst du jetzt wirklich?" Es hat ihn sehr geschmerzt. Die Erinnerung an diesen Abschied berührt mich heute noch. Mein Vater hatte eine großartige Stimme, er war Mitglied des Kirchenchores, ein guter Sänger und Musiker, was ihn zu einer imposanten Erscheinung machte. Seine Stimme hatte für mich Gewicht, in jeder Hinsicht. Aber es war beschlossene Sache, an meiner Entscheidung war nicht mehr zu rütteln.

Die Aufnahmeprüfung habe ich ganz gut absolviert, obwohl ich nur sieben Jahre lang die Volksschule besucht hatte. Die Schule in Arnreit hat aber immer als Vorzeigeschule gegolten. Bei der Prüfung hat meine Satzanalyse zum Beispiel ganz genau gestimmt. Im Rechnen war ich sehr gut, und Rhetorik war schon immer meine Stärke. Damit hatte ich die Aufnahme geschafft.

Das erste Jahr war hart. Damals hatte ich in Deutsch noch Probleme, in Englisch wurde auf Hauptschulniveau begonnen, und ich hätte beinahe eine Nachprüfung machen müssen. Der Professor hat mir dann doch ein „Genügend" gegeben, nahm mir aber das Versprechen ab, im Sommer acht Wochen nach England zu gehen, was ich auch gemacht habe. Mein Englisch wurde Jahr für Jahr besser, am Ende habe ich meine Matura mit Auszeichnung abgeschlossen.

Als ich erkannte, dass ich besser sein konnte als manch andere, habe ich mich entschlossen, an die Universität nach Linz zu wechseln. Ich kam im Herbst 1968 an die Johannes Kepler Universität, habe dort immatrikuliert und Sozialwirtschaft studiert.

Ich ging deshalb nach Linz, weil ich damit einerseits in der Nähe meiner Heimat Arnreit sein konnte und mir andererseits die junge, neue, sehr modern ausgerichtete Universität gefallen hat.

Ich gehörte zur so genannten Achtundsechziger-Generation.

Wenn ich heute zurückdenke, welch zum Teil revolutionäre Gesinnung wir hatten, was wir alles verändern wollten, so bin ich froh, dass wir uns im Studium relativ schnell gefunden haben. Wir wollten die Vertreter der „Frankfurter Schule“ Theodor W. Adorno, Max Horkheimer und Herbert Marcuse zu Gastvorlesungen nach Linz einladen. Die Universitätsleitung hat das gemeinsam mit dem Wissenschaftsministerium, der Stadt Linz und dem Land Oberösterreich verhindert. Denn sie befürchteten Zustände wie an der Freien Universität Berlin, die das Zentrum der deutschen Studentenbewegung war. Als Studentenvertreter kritisierten wir die so genannten Aufbau-Tantiemen der Professoren. Linz war eine neue Universität, die Professoren erhielten höhere Gehälter, damit sie in die oberösterreichische Landeshauptstadt kamen.

Zu meiner Findung trug maßgeblich mein Beitritt in die katholisch-akademische Verbindung „Austro Danubia“ bei, die für mich eine zweite Heimat bedeutete. Mit einigen Kommilitonen bin ich heute noch sehr gut befreundet – ich denke an Christoph Leitl, Helmut Kukacka, Walter Abel und Roland Scharb.

Visionen ohne Taten bleiben Träume
Warum es so wichtig ist, positiv zu denken

Mein positives Denken liegt in den Erfahrungen meines Lebens begründet. Ich habe so manche schwierige Situationen erlebt – man könnte fast sagen „gebraucht“ –, die mich gezwungen und motiviert haben, etwas Neues zu machen. Wäre der Motorradunfall nicht gewesen, hätte ich niemals die Matura angestrebt. Damit hätte ich nicht die Chance gehabt, ein Universitätsstudium zu absolvieren, das dazu beigetragen hat, meinen Horizont enorm zu erweitern. Nie wäre ich ohne all diese Umwege in die Position des Generaldirektors gekommen.

Eine meiner Stärken ist es, mich von einer einmal getroffenen Entscheidung nicht so schnell abbringen zu lassen. Ich bin hier ganz anders als jene, die sofort umschwenken, wenn sie auf Widerstand stoßen. Sie bringen ihre Vorhaben und Projekte nicht zu Ende, ich habe das schon immer angestrebt. Ein Beispiel dafür ist die Therme Geinberg. Wir haben das Projekt weiterverfolgt, obwohl wir anfangs Gegenwind hatten und das Unternehmen zu scheitern drohte. Der Erfolg hat uns Recht gegeben.

Als klar war, dass ich die Aufnahmeprüfung in Wieselburg bestanden hatte, war mir bewusst, dass es ab sofort hieß, Gas zu geben und sich anzustrengen. An der Universität war es ähnlich. In sieben Semestern war ich mit dem Studium der Sozialwirtschaft fertig, die Mindeststudienzeit betrug damals acht Semester. Manchmal habe ich ganze Nächte bis in den frühen Morgen durchgelernt. Wenn mich ein Thema faszinierte, bestand für mich auch keine Gefahr einzuschlafen. In Situationen wie diesen habe ich mir einen Kaffee gemacht und durchstudiert. Leider habe ich mir dabei wegen des schlechen Lichts meine Augen ruiniert. Mit den Folgen muss ich heute noch leben: Deswegen brauche ich in meinem Dienstwagen besonders intensive Beleuchtung, damit ich die Unterlagen gut lesen und meine Augen schonen kann.

Im achten Semester des Studiums habe ich bereits zu arbeiten begonnen. Ich war damals 30 Jahre alt.

In der Bank hat man mir ständig Aufgaben überantwortet, in die ich überhaupt nicht eingearbeitet war. Wenn es wo schwierig wurde, hat man den Fall an mich weitergereicht. Ich kam auf diese Weise schnell in den Ruf eines „Troubleshooters". „Scharinger soll es in die Hand nehmen", hat es immer öfter geheißen. Das war letztendlich auch der Grund, warum ich in die Geschäftsleitung gekommen bin.

Anfang Oktober 1985 geriet ich nach dem Motorradunfall das zweite Mal in meinem Leben in eine schwierige Situation. Die Lage der Bank war prekär, sie benötigte eine neue Ausrichtung. Die Funktionäre haben mir die Neupositionierung zugetraut und mich zum Generaldirektor bestellt.

Ich erhielt die Möglichkeit, mir ein neues Team zu organisieren. Zu Beginn des Jahres 1986 haben wir uns zu einer zweitägigen

Strategieklausur zusammengefunden und die Weichen neu gestellt. Fünf Schwerpunkte wurden dabei festgelegt:

1. Wir setzen auf Wachstum und frieren gleichzeitig die Kosten ein.
2. Wir halbieren aus Gründen der Wettbewerbsfähigkeit die Zinsspanne innerhalb kürzester Zeit.
3. Wir bauen eine hervorragende Führungsmannschaft auf, denn allein schaffen wir es nicht.
4. Wir setzen alles daran, die lokalen und regionalen Raiffeisenbanken so um die Zentralkasse – so hieß damals die Raiffeisenlandesbank – zu positionieren, dass sie sich souverän entwickeln können. Gemeinsam mit der Zentrale sollten sie die Zukunft der Raiffeisen-Bankengruppe in Oberösterreich gestalten.
5. Wir versuchen, das Verhältnis zum Raiffeisen-Prüfungsverband zu verbessern. Die Beziehung war stets gespannt, doch die angepeilte Entkrampfung ist uns gelungen.

Bereits 1986 haben wir gesehen, dass unser neues Konzept aufgegangen ist. Jahr für Jahr haben unsere Ergebnisse die geplanten Ziele übertroffen. Das ist bis heute so geblieben. Die engagierten Mitarbeiterinnen und Mitarbeiter haben sofort mitgemacht. Für sie war eine klare Orientierung wichtig.

Menschen, die positiv denken, können mit Veränderungen wesentlich besser umgehen. Sie analysieren die Lage, selektieren und gehen auf das Wichtigste ein. So wird ihre Sicht klarer, sie fahren nicht durch den Nebel. Sie heben auch nicht ab, sondern bleiben am Boden und bewirken Entspannung in ihrem Umfeld.

Die Frauen in meinem Elternhaus in Arnreit haben mich geprägt

„Buben, schneidet ordentlich heraus, dann bringt ihr den Wald ins Geld!“

Meine Mutter und meine zwei Tanten, die ebenfalls auf unserem Hof in Arnreit lebten, haben mich sehr beeinflusst. Meine Mutter hatte die Fähigkeit, sich alles ganz genau zu merken. Sie hatte ein sehr ruhiges Gemüt, war diplomatisch veranlagt und hatte trotzdem die Zügel in der Hand. Sie war gutmütig und streng zugleich, diese Balance hielt sie auf faszinierende Weise, ohne durchschaut zu werden. Ihre Obhut war in der Familie stets ein Zufluchtsort für uns.

Ihre Schwester Maria vulgo Godin war es, die uns alle, speziell aber mich, sehr stark förderte. Obwohl es viel Geld kostete, setzte sie durch, dass alle meine Schwestern eine Schule machen mussten. Trotz der Sorge meines Vaters, wie wir das alles erwirtschaften sollten, blieb sie konsequent. Sie ist heute 92 Jahre alt, ruft mich noch regelmäßig an und hält mit ihrer Meinung nicht hinter dem Berg. Wenn um 6.30 Uhr das Telefon läutet, weiß ich, dass sie es ist. Kürzlich hat sie gemeint, ich dürfe das Gewehr nicht mitnehmen, wenn ich mit den Enkelbuben auf den Hochstand ginge. Das sagt die 92-Jährige dem 68-Jährigen!

Nanni, die Dritte im Bunde, war die Gütige und hat zeit ihres Lebens immer nur gearbeitet. Die drei Schwestern waren sehr verschieden, und trotzdem haben sie gemeinsam alles auf mich gesetzt.

Wenn schwierige Entscheidungen zu treffen waren, sagten sie: „Da müssen wir noch mit dem Ludwig reden.“ Meinen Vater und meine Geschwister hat das ab und zu gestört. Bei einem Geburtstagstreffen bekundete meine Schwester Berta, dass ihr das Getue um meine Person ziemlich auf die Nerven gegangen sei. Ich muss zugeben, dass mir diese Bevorzugung in der Kindheit und Jugend schon sehr gefallen hat.

Zwischen 1960 und 1962 habe ich die Landwirtschaftsschule Schlägl besucht. Eines Tages bin ich nach Hause gekommen und habe begonnen, jede Menge Bäume aus dem Wald rauszuschneiden. Denn der damalige Abt Florian Pröll hatte uns geraten: „Buben, schneidet heraus, ein Drittel vom Baum muss grün sein. Wenn ihr nicht ordentlich rausschneidet, habt ihr lauter so Gstanglwer', da kriegt ihr keinen g'scheiten Forst und bringt den Wald nie ins Geld. Da wächst nichts nach."

Ich habe also rausgeschnitten, wie es mir der Abt empfohlen hatte. Irgendwann hörte ich einmal meinen Vater zur Mutter sagen: „Das ist ein Wahnsinn. Das haben wir notwendig gehabt, dass wir ihn nach Schlägl geschickt haben. Er schneidet heraus wie ein Verrückter. Der ruiniert uns den ganzen Wald." „Aber geh", antwortete sie zurückhaltend. Dann habe ich zu meiner Mutter gesagt, ohne dass es mein Vater hören konnte: „Weißt du, der Abt hat mir den Rat gegeben." – „Na, wenn das der Abt sagt, dann wird das schon stimmen", hat sie gemeint. Um meinen Vater zu beruhigen, sagte sie: „Du, ich komme morgen hinunter. Ich schaue einmal nach."

Sie ist gekommen. Sie war eine sehr schlaue, diplomatische Frau. Nachdem sie sich ein eigenes Bild von der Lage gemacht hatte, beteuerte sie meinem Vater gegenüber: „Mein Gott, wird das schön. Das schaut ja gut aus. Geh, was machst du dir für Sorgen!" Wir haben weiter herausgeschnitten. Heute ist mein Bruder, der den Hof übernommen hat, im Besitz eines herrlichen Waldes – und die, die nicht herausgeschnitten haben, haben lauter Gstanglwer'.

Als Jugendlicher war ich ein Heißsporn

„Nimm keinen Stein in die Hand, den du nicht daheben kannst, sonst überhebst' dich!"

Schon als junger Mann ist mir alles zu langsam gegangen. Ich wollte auf dem Hof immer eine höhere Milchleistung, ich wollte stets einen höheren Ertrag. Ich habe immer mehr Kraftfutter verwendet, als es meinem Vater recht war. Ich wollte einfach Spitzenleistungen erreichen. Eines Tages sagte mein Vater zu mir: „Du, greif nicht Sachen auf, die du nicht daheben kannst, sonst überhebst' dich und dann lachen die Leit'. Kannst schon dreingehen. Aber nicht zu gach. Ein Ross, das dreinspringt, das dazieht nichts."

Im Grunde ist es meinem Vater darum gegangen, dass man sich nicht überschätzen sollte. Früher hat man beim Viehhandeln die Stücke „überhaps" gekauft. Das heißt, die Tiere wurden nicht gewogen, sondern ihr Gewicht geschätzt. Manche Händler haben so die Bauern schlecht behandelt, ihnen weniger gezahlt, als das Vieh wert war. Denn sie hatten viel mehr Erfahrung in der richtigen Gewichtstaxierung. Mein Vater hat das Gewicht immer überschätzt. Mir war nie klar, ob er das bewusst oder unbewusst gemacht hat.

Beim Handeln kamen wir wieder einmal in eine Situation, in der ich mir gedacht habe, das ist vielleicht ein „Tango". Die Beteiligten sind zusammengetroffen und ergebnislos wieder auseinandergegangen. Der Viehhändler hatte mir schon einen „Papierenen" in die Hand gedrückt. Und ich habe mir gedacht, wenn sich die beiden heute nicht einig werden, dann muss ich ihn wieder hergeben. Mein Vater hat nicht nachgegeben und damit Recht gehabt. Denn er wusste, wie schwer das Vieh war, weil er es vorher bereits heimlich beim Wirt in Arnreit, der eine Waage besaß, hatte wiegen lassen. Beim Diskutieren mit dem Viehhändler hat er aber davon nichts gesagt, sondern einen Preis verlangt, der etwas höher war, als das Vieh tatsächlich wert war.

Ich habe in meiner Kindheit immer hart arbeiten müssen und nie Geld von meinem Vater benötigt. Ich habe unseren Nachbarn bei der Arbeit geholfen und dabei ein bisschen verdient. Mit 13 Jahren lernte ich Flügelhorn, und ab dem 16. Lebensjahr habe ich bei Tanzveranstaltungen gespielt. Ich habe damals mehr Geld verdient, als ich gebraucht hätte. Ich war immer sehr sparsam und habe den Überschuss auf ein Sparbuch der Raiffeisenkasse Arnreit gelegt. Dadurch war ich in einer gewissen Weise unabhängig, die mir sehr wichtig war. Während meine Jahrgangskollegen ihr Geld ausgegeben haben, konnte ich etwas einnehmen und sparen. Samstagabends bin ich statt ins Kino in die Probe der Musikkapelle Arnreit gegangen und hatte dadurch noch weniger Ausgaben. Trainiert haben wir auch jeden Sonntagnachmittag.

Wer den „Worst Case" kennt …
… sorgt dafür, dass er nicht eintritt

Im Rahmen meiner Arbeit in der Bank habe ich immer bei allem, was wir unternommen haben, versucht, das Risiko sehr genau einzuschätzen. Meine Überlegungen bei jedem größeren Projekt sind, genau zu wissen, was ist „Best Case", was ist „Real Case" und wie würde ein „Worst-Case-Szenario" ausschauen. Das war mir immer wichtig. Ich habe meinen Mitarbeitern immer gesagt, Risiken, die man kennt, die man einschätzen kann, gegen diese Risiken unternimmt man etwas. In einer schwierigen Situation muss man immer ein Worst-Case-Szenario parat haben. Tritt dieser Worst Case ein, dann weiß man sofort, was man zu tun hat, und in der Folge wird das Risiko nicht in der vollen Stärke schlagend.

Man muss wissen, welche Ausgaben man in nächster Zeit tätigen möchte. Unabhängig davon, ob man Unternehmer oder Finanzverantwortlicher oder Privatmann ist. Reichen die Einnahmen zur Deckung der Ausgaben, oder benötigt man einen entsprechenden Kreditrahmen? Das Leben bringt es mit sich, dass es immer wieder zu nicht kalkulierbaren Ereignissen kommt. Es ist deshalb wichtig, einen größeren finanziellen Spielraum zu haben, als man bei enger Kalkulation vorgesehen hat.

Beim Durchtauchen kommt es nicht auf die „Hard Facts" – auf Ziffern aus der Vergangenheit – an, sondern man muss die Gegenwart und die Zukunft ziffernmäßig prognostizieren können, um einen Soll-/Ist-Vergleich in engen Abständen anstellen zu können. Ganz entscheidend sind „Soft Facts".

Bei Soft Facts geht es um das Management. War es im Produktverkauf zu wenig überzeugend? Hat es zu niedrige Preise verlangt? Die Bank muss danach trachten, diese Fehler zu beseitigen. Notfalls muss man das Management austauschen, wobei ich es für besser halte, es im Unternehmen zu belassen und in die zweite Reihe zu stellen. Es ist aus meiner Sicht zu wenig, wenn eine Bank nur Geld zur Verfügung stellt, ohne Veränderungen im Unternehmen herbeizuführen.

Damit riskiert man, irgendwann mit dem Rücken zur Wand zu stehen. Denn wer in diese Situation kommt, beginnt wie ein Ertrinkender um sich zu schlagen. Derart unter Druck gesetzt, machen die Betroffenen dann garantiert das Falsche. Aber das ist schwierig. Kritisch sind Risiken, die man als solche nicht erkennt und von denen man überrascht wird. Ich war in diesen Punkten oft unbequem zu meinen Mitarbeitern, denn ich wollte immer alles bis ins letzte Detail wissen, um auf alles vorbereitet zu sein.

Wenn ich vor schwierigen Entscheidungen stehe, beispielsweise bei der Kreditvergabe, schätze ich zuerst ein, was ich den handelnden Personen zutraue. Es ist besser, ihnen immer ein bisschen weniger als zu viel zuzutrauen. Denn wenn man ihnen zu viel zutraut, überfordert man sie, und es kommt auf beiden Seiten zu einer Enttäuschung.

Manchem Kunden muss ich zureden: „Mach das und das, wir stehen hinter dir, und miteinander schaffen wir es. Du kannst dich auf uns verlassen." Anderen wiederum müssen wir sagen, dass sie Träumer sind. Dass sie beispielsweise die Umsatzziele nicht schaffen werden, dass die Preiserwartung zu hoch ist. Sie sollen sich keinen Illusionen hingeben, denn sonst sind sie am Ende frustriert und wir auch. Man muss die handelnden Menschen kennen. Das ist eine Mentalitätsfrage. Sind es Personen, die sich mehr vornehmen, als sie schaffen? Dann muss man sie auf den Boden der Realität zurückholen. Oder ist es jemand, der sich zu wenig zutraut? Dann hilft es oft, Anstöße zu geben. Ich sage in so einem Fall: „So, jetzt krempeln wir die Ärmel hoch, und wir kommen durch."

Ich bin in meinem Denken konservativer, als manche glauben. Die Raiffeisenlandesbank ist nicht risikofreudig. Wir wissen, wie man es macht, dass das Risiko möglichst nicht schlagend wird. Und wenn es schlagend wird, dann beschäftigen wir uns in aller Konsequenz damit, es wieder ins Lot zu bringen. Für diese Arbeit sind gute Mitarbeiter das Um und Auf. Zusätzlich ist eine entsprechende Infrastruktur notwendig. So ist es uns möglich, Immobilien zu finanzieren, weil wir das Immobiliengeschäft von A bis Z verstehen. Wir brauchen Makler, die den Markt genau studieren und die Preise kennen. Wir benötigen ein souveränes Bau-Controlling und ein Bau-Management, damit wir Projekte, die stecken bleiben, sofort in die Hand nehmen und selbst fertigstellen können. Und wir wollen auch selbst interessante Projekte machen, damit nicht immer die anderen abkassieren. Wir haben dabei bisher ganz gut verdient. In der Immobilienfinanzierung ist uns kaum etwas danebengegangen.

So manchen fehlt der Weitblick

Mühlviertler Granit ist härter als Kalkgestein

Mein Stellvertreter Hans Schilcher hat bei der Feier zu seinem 60. Geburtstag einen netten Vergleich gebracht: Er sagte, er komme aus dem Inneren Salzkammergut, also aus dem Kalkalpengebiet. Er und seine Landsleute seien daher etwas weicher als jene, die wie ich aus dem Mühlviertel kommen, wo der harte Granit dominiere. Ich habe ihm geantwortet, dass der Granit auch nicht so stark bröckle wie das Kalkgestein.

Ich bin immer noch sehr erdverbunden. Ich fahre gerne zu den Generalversammlungen der regionalen Raiffeisenbanken. Wenn ich selbst keine Zeit habe mitzukommen, gebe ich unseren Referenten Empfehlungen und Tipps: „Wenn ihr wissen wollt, wie ihr angekommen seid, setzt euch gleich nach der Versammlung auf die Toilette. Dann hört ihr, was die Männer über euch sagen.“ Es fallen dann Sätze wie „der war gut“, „der hat es ihnen gesagt“ oder auch „der hat einen Blödsinn zusammengeredet“.

Bei einer Veranstaltung in Gosau, im Inneren Salzkammergut, habe ich mich einmal über eine Wortmeldung eines Teilnehmers sehr geärgert. Selbstbewusst konterte ich: „Ja, ich habe Verständnis für Ihren fehlenden Weitblick, denn rundherum verstellen Ihnen die Berge die Sicht.“ Diese Aussage ist nicht gut angekommen, ich habe mich gehütet, so etwas nochmals irgendwo bei einer Veranstaltung zum Besten zu geben.

In Regensburg konnte ich es allerdings bei einer Podiumsdiskussion nicht lassen und habe gesagt: „Im Europa der Regionen, der offenen Grenzen, wäre es vielleicht sinnvoll, wenn Salzburg, Oberösterreich, Niederbayern und die Oberpfalz zusammengehen würden, dann hätten Niederbayern und die Oberpfalz weniger Probleme mit München und Berlin und wir in Oberösterreich und Salzburg weniger Sorgen und Probleme mit Ostösterreich.“ Die Lacher waren auf meiner Seite.

Bei der Eröffnung unserer Niederlassung in München habe ich bei meiner Ansprache gemeint: „Wir sind deshalb so gerne hier in Bayern, weil wir einerseits noch nicht in Deutschland und andererseits weit weg von Wien sind.“ Außerdem habe ich den Bayern Österreich erklärt: „Wenn Sie hier in Bayern mehr über Österreich wissen wollen, kann ich Ihnen Folgendes empfehlen: Wer Bergsteigen und Skifahren will, der muss nach Tirol und

Vorarlberg kommen. Wer Musik und besonders Mozart liebt, der geht nach Salzburg. Wer kein klares Ja und kein klares Nein wünscht, der geht nach Wien, und wer ein gutes Geschäft machen will, der muss zu uns nach Oberösterreich kommen!"

Im Auftreten bin ich selbstbewusst. Wenn es sein muss, bin ich ein „grader Michl". Das Einschmeicheln liegt mir nicht besonders, aber ich kann mich sehr wohl dem Gegenüber und dem Publikum anpassen. Bei Reden und Ansprachen ist mir die Reaktion der Zuhörer wichtig, ich beobachte und konzentriere mich auf die Mimik der Teilnehmer, die mir zeigt, wie das von mir Gesagte ankommt. Nicht selten weiche ich auch vom vorbereiteten Redemanuskript ab und stelle mich auf die jeweilige Situation ein.

„Wohnen" mit Anneliese

Trompete spielen, tarockieren, jagen und das abendliche Zusammensein mit meiner Frau sind mein Ausgleich

Vor 40 Jahren haben meine Frau und ich geheiratet. Als ich ihr den Heiratsantrag machte, war sie unsicher. „Weißt du, Anneliese", habe ich zu ihr gesagt, „du musst im Leben auch einmal etwas riskieren."

Alles im Leben ist ein Risiko.

Wenn ich die Trompete in die Hand nehme, bin ich ein anderer Mensch. Ähnliche Gefühle habe ich, wenn ich bei der Jagd am Hochstand sitze. Und wenn dann noch meine Enkel dabei sind, bin ich vollends zufrieden.

Ab und zu kommt die gesamte Familie zusammen, meine vier Töchter mitsamt den Enkelkindern. Da geht es manchmal ganz schön rund. Wenn es meiner Frau zu viel wird, hänge ich mir mein Fernglas um, und die Buben fragen mich sofort: „Opa, gehst du zu den Rehen, dürfen wir mitgehen?" Wir fahren dann zum

Hochstand, und Anneliese kann sich in Ruhe mit unseren Kindern unterhalten.

Einmal habe ich ein Fernglas im Rucksack vergessen. Meine Frau hat dem Kleinen dann ihr Opernglas umgehängt. Das hat ihn nicht gestört, Hauptsache, er konnte wo durchschauen. Ich freue mich mit den Enkeln, wenn wir einen Hasen, Fasan oder ein Reh sehen. Es ist inzwischen schon so, dass die Kinder die Tiere früher bemerken als ich, das ist faszinierend.

Die Spaziergänge mit meiner Frau sind für mich sehr erholsam. Manchmal gehen wir eine Stunde. Zu lange darf es aber nicht sein. „Das ist zielloses Herumhatschen", sage ich zu ihr, sollte es doch einmal vorkommen.

Das Tarockieren lenkt mich auch sehr gut von der Bank ab, weil ich beim Spielen voll konzentriert bin. Ich höre und sehe nichts mehr rund um mich herum. Wenn ich die Karten in der Hand habe und drei dynamische Spieler am Tisch sitzen, die flott spielen und Risiken eingehen, ist das für mich eine andere Welt. Es bereitet mir Freude, wenn jemand mit schlechten Karten gewinnt oder mit einer tollen Karte verliert.

Für mich ist es keine Plage, jeden Abend Termine zu haben. Was ich aber trotzdem sehr liebe, ist das Nachhausekommen. Wenn ich unterwegs bin und mit meinem Chauffeur von einem Termin zurückfahre, rufe ich die Anneliese an und sage ihr, wann ich zu Hause sein werde. Wir setzen uns dann noch eine viertel oder halbe Stunde zusammen, trinken ein Glas Most oder Wein und reden, bevor wir ins Bett gehen. Wir nennen das „Wohnen". Von den Ereignissen in der Bank erzähle ich zu Hause nichts. Ich bin durch das Bankgeheimnis gebunden, außerdem will ich meine Familie nicht mit Beruflichem belasten. Oft ist es für Außenstehende auch schwierig, die Dinge richtig einzuordnen.

Für meine Frau war es sehr wichtig, dass ich in Linz geblieben bin. Ich hätte zweimal die Möglichkeit gehabt, nach Wien zu wechseln. 1972, als ich zu arbeiten begonnen habe, und später, als ich immer wieder als Finanzminister gehandelt worden bin.

Nach der Nationalratswahl 2006 wurde ich auf der Internetseite des ORF bereits als Finanzminister angeführt. Als meine Frau das erfahren hat, war sie gereizt und sehr dagegen: „Fang mir das nicht an“, warnte sie, „dann haben wir überhaupt keine Privatsphäre mehr.“ Unsere vier Töchter waren auch nicht für den Wechsel nach Wien. Die Sache hat sich dann anders weiterentwickelt, denn Wilhelm Molterer wurde Vizekanzler und Finanzminister.

Der Gang zum Wirt in meiner Heimatgemeinde Arnreit bedeutet für mich Erholung. Ich bin gerne bei den Leuten. Es macht mir Freude, wenn jeder von seinen Erlebnissen berichtet. Der eine erzählt einen „gesunden Witz“, der andere meint, da oder dort könnten wir etwas unternehmen. Es macht sich eine angenehme Gelassenheit breit. Ich lasse mich innerlich fallen und bin nicht mehr terminorientiert. Das habe ich früher auch bei den Tanzveranstaltungen erlebt. Heute mache ich das nicht mehr, das Tanzen ist mir zu anstrengend. Den Pflichttanz absolviere ich, dann lade ich für gewöhnlich auf ein Glas Sekt ein, damit ich nicht mehr aufs Parkett muss.

Ich schätze Gemütlichkeit. Wenn ich mich bei meinem Stammwirt im Schmidgraben bei Linz mit ein paar Freunden treffe, fühle ich mich wohl. Es ist lustig und gemütlich. Meist kommt der Andi, der Wirt, mit seiner Trompete und beginnt zu spielen. Dann hole ich meine aus dem Kofferraum des Autos dazu, und es geht so richtig los.

Leben

Erfolg ist mein Lebenselixier

Die Erotik des Erfolgs fördert die Persönlichkeit

Ich wüsste nicht, wie ich damit umgehen sollte, wenn ich keinen Erfolg hätte. Er ist mein Lebenselixier, aus dem ich immer Kraft schöpfe. Es kommt kaum vor, dass mir etwas misslingt. Es motiviert mich, wenn ich sehe, was man alles erreichen kann. Ob das nun in der Zusammenarbeit mit dem Landeshauptmann, einem Bürgermeister, einem Manager oder einem g'standenen Menschen ist.

Wenn man wirklich wichtige Projekte umsetzen will, muss man das Vier-Augen-Gespräch suchen. Es freut mich, wenn ich den Menschen Orientierung geben kann, wenn ich merke, dass meine Vorschläge angenommen werden, und sehe, dass der Gesprächspartner meine Ansichten nachvollziehen kann.

Der Ablauf für erfolgreiche Projekte ist wichtig. Man muss mit den handelnden Personen in einfachen Worten reden, damit man verstanden wird. Dazu kommt eine gute Strategie, damit man nicht den dritten vor den ersten Schritt setzt und damit man möglichst viele Menschen emotional dort abholt, wo sie sich gerade befinden. Wenn es gelingt, das „Aha-Erlebnis" auszulösen, werden die Menschen sicher und gehen mit. Man muss sehr sorgfältig vorgehen, denn jemanden zu überfordern, wäre fatal. Die Vorstellung, eine Idee könne vom Gegenüber sofort nachvollzogen und akzeptiert werden, ist ein Irrglaube. Ist man sich, wie es meistens vorkommt, nicht sofort einig, muss man klar und zielorientiert weiterarbeiten.

Es lohnt sich, den Menschen dienlich und grundsätzlich fleißig zu sein.

Der Erfolg und der Zuspruch tun mir wohl und motivieren mich. Ich werde ernst genommen. Erfolg ist für mich die Triebfeder der Dinge. Erfolg heißt für mich, dass es der Bank gut geht und die Kunden sich aufgehoben und wohlfühlen. Es sollen möglichst wenige durch die Bank leiden müssen. Wir wollen so vielen wie möglich das bieten, was sie sich erhofft haben.

Die Harmonie mit meiner Frau bedeutet für mich auch Erfolg. Sie ist mir sehr wichtig.

Mein Studienkollege an der Universität und späterer Staatssekretär im Verkehrsministerium Helmut Kukacka beschrieb mich einmal in einem Gastbeitrag mit dem Titel „Nichts ist wichtiger als der Erfolg" so: „Scharinger ist als Macher ein durch und durch politischer Typ. Viele, die das Bedürfnis haben, Entscheidungen zu treffen und Macht auszuüben, und die über einen überdurchschnittlichen Gestaltungs- und Veränderungswillen verfügen, treibt es in die Politik. Bei ihm hat der Lebensweg das nicht gebracht, obwohl er sich sicher nicht dagegen gewehrt hätte. Er ist in der Bank geblieben, und er agiert auch als Banker wie ein selbstbewusster, mit Macht ausgestatteter Politiker. Ich sehe das nicht negativ. In seinem Selbstverständnis gilt in der Bank ebenso wie in der Politik: Nichts ist wichtiger als der Erfolg, und nichts gibt einem mehr Recht als der Erfolg! Den hat er, unbestreitbar. Diesen Erfolg genießt er und zelebriert ihn auch manchmal. Er versteht die Bank in Wahrheit als sein Imperium, und dieses wirtschaftliche und damit auch politische Reich weitet er sukzessive im Stil eines selbstbewussten, mit natürlicher Autorität ausgestatteten, bäuerlichen Hausvaters aus."

Über die sprichwörtliche Bauernschläue
Nicht in die Karten schauen lassen

Ein Bauernschlauer lässt sich nicht in die Karten schauen, er spielt nicht immer kalkulierbar und überrascht dadurch. Er ist freundlich und charmant, er lässt sein Gegenüber leben und nie das Gesicht verlieren. Er ist fleißig und diplomatisch, er bringt Vorteile im Wettbewerb, er „beißt" im Geschäft schnell und sicher ab. Er kann sehr diskret sein, was im Bankgeschäft von vornherein eine wichtige Eigenschaft ist. Er ist ausreichend informiert und kennt sich im Detail aus, wenn dies notwendig sein sollte.

Er hat das Kopfrechnen nicht verlernt. Wer schnell kalkulieren kann und über ein ausgeprägtes Plausibilitätsbewusstsein verfügt, macht weniger Fehler als jener, der sogar für zwei plus zwei den Taschenrechner zur Hand nehmen muss.

Er reizt nicht alles aus, sondern schaut auf seine Reserven und Ressourcen. Bauernschlau ist auch, wenn jemand nachhaltig in Generationen denkt. Ein Bauernschlauer sucht Verbündete, er achtet auf die Mehrheitsfähigkeit. Er ist bei kleinen Dingen großzügig und bei großen, strategisch wichtigen Dingen hartnäckig.

Helmut Angermeier, ein vorbildlicher Bauer, hat mir einmal verraten: „Eigentlich muss ich ein guter Verwalter dessen sein, was ich von meinen Vorfahren übernommen habe, und muss das in einem zeitgemäßen Zustand an die nächste Generation weitergeben, denn mitnehmen kann ich mir einmal gar nichts, denn das Leichentuch hat keine Hosentaschen."

Mir persönlich wird Bauernschläue zugesprochen. Sie kommt einerseits von meinem Vater, der durch sein lustiges und offenes Wesen gerne gesehen war und mir so manche Weisheiten mitgegeben hat. Von meiner Mutter habe ich nicht nur ihr gutes Gedächtnis geerbt, sondern auch ihre diplomatische Art.

Vorbilder hatte ich mehrere. Stets habe ich versucht, das nachzumachen, was mir bei verschiedenen anderen Menschen, denen ich im Leben begegnet bin, sehr gefallen hat. Geprägt hat mich zum Beispiel Oberschulrat Franz Kneidinger. Er war Direktor der Volksschule Arnreit und ein höchst angesehener Mann. Er war sehr vielseitig, und ich hatte großen Respekt vor seiner Korrektheit und seinen hohen pädagogischen Fähigkeiten. Je älter ich wurde, umso stärker wuchs unsere gegenseitige Wertschätzung.

Der amerikanische Präsident John F. Kennedy war Anfang der Sechzigerjahre ein Politiker mit viel Charisma, mit modernem Stil, mit Beweglichkeit und Konsequenz zugleich. Stark in Erinnerung ist mir die Kubakrise geblieben.

Jeder Jugendliche hat sein Vorbild oder mehrere Vorbilder. Schlimm ist es, wenn es charakterlose Vorbilder sind, die einen schlechten Einfluss ausüben oder gar über soziale Zwänge Abhängigkeiten schaffen. Glücklich darf sich jeder Jugendliche schätzen, wenn er Vorbilder findet, die ihn ernst nehmen, zu denen er aufschauen kann, die wie Straßenmarkierungen einen Weg aufzeigen, der begehbar ist, der zu einem angepeilten Ziel führt. Im Sinne der Bauernschläue werden Vorbilder gewählt, die charismatisch wirken, strahlen, nicht immer ganz ergründbar sind, weil tiefsinnig, und zu denen ein Quäntchen Distanz bleibt. Wer zu nahe am Vorbild steht, kann das Vorbild samt Kontur nicht mehr erfassen, wird anspruchslos, bedingungslos und beginnt zu kopieren, wobei in der Regel die Kopie viel schlechter ist als das Original.

Es ist aber auch im Sinne der Bauernschläue immer wieder danach zu trachten, nicht wie alte Pferde immer nur die alten Wege zu gehen – vielmehr muss die ständige Suche nach neuen, nach kürzeren, nach schöneren Wegen erhalten bleiben. Und es soll nicht unbedingt so ausgehen wie in der Geschichte über den Hasen und den Igel, in der der Hase durch Arglist zusammenbricht, weil ihn zwei Igel zu Tode geschunden haben. Im Leben ist es gut, wenn zwei ohne Vertrag, ohne schriftliche Vereinbarung voneinander wissen, was sie voneinander halten können, was sie sich schuldig sind, wie sie sich wechselweise stärken können. Diese Stärkung der beiden geht nicht zu Lasten Dritter, sondern dient allen dreien.

Glück hat auf Dauer nur der Tüchtige

Der Untüchtige erkennt die Chance zum Glück nicht

Glück ist für mich, wenn etwas, das sich anfangs als schwierig herausstellt, gelingt. Denn das Gelingen hängt nicht nur vom eigenen Können, sondern auch vom Glück ab. Hin und wieder gibt es Konstellationen, da kann man nur sagen, man hat Glück gehabt und die Sache ist Gott sei Dank aufgegangen. In jeder Situation gibt es mehrere Möglichkeiten. Man soll intuitiv die vernünftigste wählen und daraus etwas machen. Man muss das spüren. Spüren bedeutet nichts anderes, als seinen Emotionen freien Lauf zu lassen, also jene Möglichkeit zu wählen, bei der man sich am wohlsten fühlt.

Das Sprichwort „Glück hat auf Dauer nur der Tüchtige“ stimmt. Denn der Untüchtige ist nicht einmal in der Lage, die Chance zum Glück zu erkennen. Wenn man sie erkennt, muss man sich trauen, die Chance zu erfassen. Stimmt dann auch noch die Konstellation, hat man das Glück auf seiner Seite. Wer sich aber verkrampft, dem fehlen die Lockerheit und der Weitblick, die Möglichkeiten zu erkennen. Er kommt unter Zugzwang. Das ist vergleichbar mit einem Jäger. Wenn der Jäger meint, er muss das Flugwild unbedingt treffen, dann trifft er es mit ziemlicher Sicherheit nicht.

Den richtigen Menschen zu begegnen, die einem bei einem Thema weiterhelfen können, hat auch oft mit Glück zu tun. Man plaudert bei Empfängen, kommt ins Gespräch, und das Gegenüber gibt einem Hinweise, wie man weiter vorgehen könnte, auf die man selbst vielleicht nie gekommen wäre. Die einen bezeichnen das als Zufall, ich nenne es Glück.

Privates Glück ist für mich, wenn meine Frau Anneliese mit mir recht zufrieden ist. Ein Glück ist es auch, wenn sie pünktlich ist. Mittlerweile habe ich mich darauf eingestellt. Bei wichtigen Terminen lege ich für sie das „Fertigsein“ um eine halbe Stunde vor, damit wir tatsächlich pünktlich sind.

Angst ist ein schlechter Ratgeber
Der Ängstliche wird ständig überholt

Wenn ein Mensch Angst hat und er könnte im übertragenen Sinn 100 Stundenkilometer fahren, fährt er wegen der Angst wesentlich langsamer. Er wird ständig überholt, was ihn ärgert. Der Ängstliche zweifelt an sich selbst: „Was ist los mit mir? Ich traue mir selbst nicht mehr. Ich bringe nichts mehr zusammen." Dadurch wird der Ängstliche in seinem Handeln noch mehr gehemmt. Ein Teufelskreis.

Es gibt viele Menschen, die ein großes Wissen haben, aber in der Umsetzung Schwächen zeigen. Sie wissen, was andere tun sollen, aber selbst bringen sie es nicht zustande. Sie haben zu wenig Selbstbewusstsein. Visionen ohne Taten bleiben Träume.

Menschen mit zu wenig Selbstbewusstsein sind sich selbst gegenüber wenig kritisch, sie sind eher Nachläufer. An ihnen kann man sich nicht orientieren. Und nicht nur das – sie können für andere zu einer großen Belastung werden. Friedrich Wilhelm Raiffeisen hat das sehr gut formuliert: „Wer sich selbst nicht helfen will, dem können auch die anderen nicht helfen." Wer in die Grube fällt, muss sich auch selbst helfen, damit er wieder herauskommt. Manche verfallen in scheinbar ausweglosen Situationen in Selbstmitleid. Sie bedauern sich selbst, trauen sich nichts mehr zu und werden so zur Belastung.

Menschen, die ängstlich sind, wollen in dem verhaftet bleiben, was sie immer schon gemacht haben. Sie können sich auf Veränderungen nur schwer einstellen. In einem solchen Fall werden sie noch ängstlicher und nervöser und fühlen sich nicht mehr wohl. Für sie wird alles sehr kompliziert, sie wissen weder ein noch aus. Wenn sie niemanden haben, der ihnen Orientierung bietet, der sie bei der Hand nimmt, wird ihre Lage immer schwieriger. Das nagt am ohnehin bröckelnden Selbstbewusstsein.

Menschen, die Probleme mit dem Selbstwert haben, sind nicht leistungsfähig. Wenn ihre Angst dann noch von Menschen in der Umgebung genährt wird, wird es für sie immer schwieriger und kritischer. So könnte der Beginn des Burn-out-Syndroms aussehen. Man muss anfangen, solch eine negative Umgebung zu meiden.

Ich war einmal in einem Landgasthaus Ohrenzeuge der Jammerei junger Bauern am Nebentisch. Ich habe meine Frau über deren Situation befragt, denn sie kannte die Leute. Sie sagte mir, dass dies Besitzer gut gehender Höfe seien. Ich habe mich zu den ledigen Jungbauern an den Tisch gesetzt, eine Runde Wein bezahlt, ihnen zugehört und sie gefragt: „Meint ihr, dass euch eure Jammerei jemand glaubt? Eure Klagen, dass ihr so wenig verdient, dass ihr gerade noch etwas zum Anziehen habt? Nimmt euch das ein Arbeiter oder Angestellter ab? Ihr werdet unglaubwürdig, und mit der Jammerei werdet ihr nie eine Bäuerin finden." In dem Moment hat es ihnen die Rede verschlagen, geschockt haben sie mich angesehen. Die Debatte war sofort beendet. Die Lektion hat gesessen, denn es ging ihnen besser, als sie kundtaten. Und übrigens: Frauen sind leidensfähiger und glaubhafter als Männer.

Ohne Segen geht es nicht
Manchmal muss man auch ein bisschen nach oben schauen

Ich gehe mit meiner Frau fast jeden Sonntag in die Kirche. Das tut mir gut. Wenn wir da so beisammensitzen, spüre ich, dass ich nicht allein bin. Das ist der göttliche Einfluss. Es entsteht Hoffnung. Man wird ein wenig demütig, und mit dieser Einstellung ist man auf einmal manchen Dingen gegenüber zugänglicher. Glauben heißt Erleben.

Ich brauche dieses Erleben, dieses Herausgenommen-Werden aus dem Alltag. Es gibt mehr als den täglichen Rummel, die zahllosen Termine, die vielen Details. Es passiert nicht selten, dass mir in der Kirche visionäre Ideen kommen. Papier und Schreiber habe ich immer eingesteckt. Hin und wieder mache ich mir während der Messe Notizen und schreibe ein paar Schlagwörter nieder.

Ich habe den Glauben von meiner Mutter mitbekommen. Sie war eine sehr gläubige und auch demütige Frau. Mit 16 Jahren war ich Gast im Gebets- und Meditationshaus Subiaco, nahe Kremsmünster. Ich stand damals vor der Frage, wie sich meine Zukunft gestalten sollte. Würde ich den Hof bekommen oder nicht? Aus dieser Verunsicherung heraus habe ich die Exerzitien gemacht, eine Art innere Einkehr. Pater Teufel war der Leiter, er hat mir imponiert, er war für mich ein Vorbild. Er gab uns Lebensweisheiten mit auf den Weg. Er sagte zum Beispiel, das „Net-Zeit-Hab'n“ und das „Nu-Zeit-Hab'n“ seien Sünden. Er meinte damit jene Menschen, die nie für jemanden oder etwas Zeit hätten, und jene, die immer Zeit hätten. Beide Verhaltensweisen seien falsch. Bei einer Aussprache hat er mich gefragt: „Was ist mit dir, Ludwig, willst du nicht zu uns kommen?“ Ich habe damals innerlich mit mir gerungen, in den Orden einzutreten, um Priester zu werden. Als ich aber zu Hause war, habe ich wieder bei den Tanzfesten gespielt, die Frauen haben uns Musikanten angehimmelt, damit war es mit dem Priesterwerden vorbei.

In der Mittelschulzeit in Wieselburg hatten wir einen hervorragenden Religionsprofessor, der uns die Ideen und Gedanken von Teilhard de Chardin, Albert Camus und Jean-Paul Sartre nähergebracht hat. Für mich sind Menschen arm, für die nicht existiert, was nicht bis ins letzte Detail erklärt werden kann. Diese Menschen sind eindimensional. Ihnen fehlt die kreative Kraft. Es gibt mehr, als wir erfassen können. Das ist mein Glaube.

Bei der Eröffnung der Isar Klinik in München, deren Bau die Raiffeisenlandesbank finanziert hat, saß neben mir Professor Hargassner, der stellvertretende Vorsitzende des Aufsichtsrates. Er hat mir erklärt, dass es in der Gen- und Stammzellenforschung bereits enorm viele Erkenntnisse gäbe, dass aber doch viele Dinge nach wie vor nicht erklär- und verstehbar seien. Wenn derartige Kapazitäten ganz demütig werden und zugeben, dass sie so vieles nicht wissen, dann muss es etwas geben, wonach wir suchen. Das ist Glaube.

Durch die Gemeinschaft und die Kirche wird dieser Glaube vermittelt. Ein Atheist hat mir einmal gesagt, er würde so gern glauben, nur fände er die Christen nicht, die ihm den Glauben ermöglichten. Er könne Gott in diesen Menschen nicht erkennen. Gott wirke nicht in ihnen, sie seien zu oberflächlich.

Nach der Acht-Uhr-Messe am Sonntag frühstücke ich mit meiner Frau. Sie hat dann einiges zu tun, die Töchter und die Enkelkinder kommen. Mir wird das schnell zu viel, und ich fahre für ein, zwei Stunden ins Büro. Ich bin in einer gelösten Stimmung und schaue in meine Lade, in der ich jene Briefe und Mitschriften abgelegt habe, die ich nicht sofort nach Erhalt beantworten wollte.

Manchmal nehme ich die Unterschriftenmappe in die Hand und lese die diktierten Briefe noch einmal. Wenn ich sehe, dass ich zu emotional geschrieben habe, formuliere ich sie um. Oder sie werden überhaupt nicht weggeschickt.

Freiheit verlangt Orientierung, Disziplin und Fleiß
Woran orientiert sich der Einzelne?

Manche Menschen wollen absolute Freiheit genießen. Sie berücksichtigen dabei nicht, dass sie die Freiheit ihrer Mitmenschen umso mehr einschränken, je stärker sie die eigene in Anspruch nehmen. Wer die Freiheit nützt, muss sehr sorgsam mit ihr umgehen.

Disziplin zeichnet die Menschen aus, Disziplinlosigkeit aber macht Orientierung unmöglich. Es ist schwer, mit undisziplinierten Menschen zusammenzuleben oder zusammenzuarbeiten, in welcher Form auch immer. Denn der Partner kann sich nie auf den anderen verlassen, er kann sich nie klar orientieren. Undisziplinierte Menschen sind schwer kalkulier- und einschätzbar, was für Personen in ihrer Umgebung immer Unsicherheit bedeutet.

Woran orientiert sich der Mensch? Das ist eine wesentliche Frage. Die Menschen benötigen Vorbilder, manche brauchen ein starkes soziales Netz, um Halt zu haben, um sich führen zu lassen und um klare Orientierung zu bekommen. Orientierungslosigkeit führt zu Willkür. Menschen, die willkürlich agieren, sind eine Belastung, weil Menschen Kalkulierbarkeit brauchen. Wenn diese nicht gegeben ist, ist es schwierig, mit jemandem zusammenzuleben und Gemeinsames zu gestalten.

Das Gegenteil von Fleiß ist Faulheit. Faule Menschen belasten. Sie sind mit sich selbst unzufrieden und geraten in eine negative Spirale. Fleißige Menschen haben hingegen Erfolg, und Erfolg wiederum bringt Motivation. Ohne Erfolg entsteht Frustration. Daher empfehle ich jedem, fleißig zu sein. Der Fleiß soll aber nicht ausufern, er darf nicht übertrieben werden. Menschen, die nur „Einser“ bekommen, sind oft schwer auszuhalten, denn sie glauben, fehlerlos zu sein. Sie sind schwierig, sie lassen sich nur selten etwas sagen und werden zu Egoisten.

Für mich ist mein totaler Einsatz für die Bank keine Belastung, sondern Freude. Ich liebe meine Arbeit und bin gerne mit den Menschen zusammen. Für mich ist es eher eine Belastung, wenn ich im Sommerurlaub in Grado (Italien) den Bauch in die Sonne halten muss. Das Nichtstun ist für mich schwer auszuhalten. Das kann ich nicht besonders gut. An den Strand gehe ich kaum, meistens sitze ich am Pool des Hotels, lese und schreibe. Nach einer Woche in Grado sind immer sechs bis sieben Tonbänder volldiktiert. Selbst im Urlaub telefoniere ich von 10 bis 10.30 Uhr mit dem Büro. Außerdem lasse ich mir den Pressespiegel übermitteln.

Ein gewöhnlicher Arbeitstag beginnt für mich sehr früh. Ich stehe um sechs Uhr auf. Während meine Frau das Frühstück zubereitet, lese ich die Zeitungen und gehe die Post durch. Wir frühstücken rund eine Viertelstunde. Um zehn Minuten nach sieben wartet mein Chauffeur, und wir fahren in die Bank. Um halb acht geht die Postbesprechung los. Nach Hause komme ich zwischen 22 und 24 Uhr. Mit sechs Stunden Schlaf komme ich normalerweise aus, wenn es sieben Stunden sind, freue ich mich.

Kompromisse sparen Zeit, Ärger und Geld
Schlichten statt streiten und klagen

Alles was im Konsens möglich ist, spart Zeit, Ärger, Geld und schont die Nerven. Das Prinzip des Schlichtens statt Streitens und Klagens gehört zu meiner Lebenseinstellung. Selbst wenn man bei Gericht gewinnt, gibt es immer einen Verlierer und Gewinner. Die Verlierer sammeln sich. Irgendwo und irgendwann begegnet man ihnen wieder. Sie tragen Gefühle der Rache in sich, und wenn sie die Möglichkeit sehen, einem ans Zeug zu flicken und einem zu schaden, dann tun sie das, meistens indem sie Gerüchte in die Welt setzen.

Wenn es die Gegenseite tatsächlich aufs Prozessieren anlegt, muss man sehr schnell und konsequent vorgehen. Man muss es durchziehen, ohne Wenn und Aber. Anwälte und Berater haben es schwer, wenn man ständig die Linie wechselt. Ich bin eher dafür, sich am Anfang Zeit zu lassen und zu prüfen, ob nicht doch ein tauglicher Kompromiss möglich ist. Schlechte Kompromisse aber lehne ich grundsätzlich ab. Mit Kompromissen müssen beide Seiten leben können, keiner darf das Gesicht verlieren. Es geht um eine vernünftige, emotional verträgliche und wirtschaftliche Lösung.

Es gibt Anwälte, die ständig den Tarifzähler eingeschaltet haben. Das sind nicht die Anwälte ihrer Klienten, sie denken vielmehr ausschließlich an die eigene Kasse. Bezeichnend ist der folgende Witz: Sagt der Junior, der die Kanzlei übernommen hat, zu seinem Vater: „Ich habe jetzt innerhalb eines Monats den Fall verglichen, bei dem du fünf Jahre prozessiert hast." Der Senior antwortet: „Du blöder Bub, von den Honorarnoten des Prozesses habe ich dein Studium bezahlt!"

Die Raiffeisenlandesbank prozessiert im Vergleich zu anderen Banken sehr wenig. Das ist gut so. Denn Prozesse binden auch zeitlich viele Kapazitäten.

Wer hinaufgejubelt wird, wird auch wieder fallen gelassen
Man sollte dennoch das Positive sehen

Es gibt ein ehernes Gesetz. Man muss wissen, dass auf Höhenflüge auch wieder Tiefgänge folgen. Es ist unmöglich, immer nur zu steigen, dessen bin ich mir bewusst, ich lasse mich aber vom Fallen nicht irritieren. Ich vergesse das schnell und betone den Aufstieg. Meine Frau Anneliese sagt oft zu mir: „Du redest immer nur von deinen Erfolgen. Erzähl mir doch auch mal, wenn du nicht erfolgreich bist!"

Anneliese spürt es, wenn mir etwas über die Leber gelaufen ist, auch wenn ich nichts sage. Und wenn ich etwas erzähle, weiß sie sofort Bescheid. Sie fragt mich: „Wie war es heute?" Ich antworte: „Frag mich nicht!" Wenn es mir gut gegangen ist, erzähle ich das sofort. „Ja, ja", sagt sie, „du immer mit deinen Erfolgen, die erzählst du immer!" Zur Überwindung von negativen Erlebnissen habe ich mir angewöhnt, sie einfach beiseitezuschieben, weil ich mich damit nicht belasten will. Ich blende sie einfach aus, und durch das Verdrängen verliere ich sie schließlich. Meine Frau fühlt es, ob ich locker oder angespannt bin. Locker bin ich dann, wenn ich keine besonderen Themen mit nach Hause nehme. Unbelastet komme ich dann zu ihr heim, küsse und umarme sie.

In dieser Hinsicht spielen die Medien eine entscheidende Rolle. Negative Ereignisse werden von ihnen leichter transportiert als positive, weil sie sich besser verkaufen. Viele Menschen konzentrieren ihre Aufmerksamkeit auf negative Informationen. Wenn man etwas Gutes macht, hört man oft, „dazu ist er da“, „dafür wird er bezahlt, und er verdient gut“. Wenn etwas misslingt, macht das manchen Freude. Ich darf das mit einem Beispiel aus dem Universitätsleben belegen: 95 Prozent der Studenten studieren hervorragend. Sie müssen mehr leisten, als das zu unseren Zeiten der Fall war. Wenn aber fünf Prozent der Studenten streiken, stehen diese fünf Prozent sofort im Scheinwerferlicht der Öffentlichkeit.

Der Umgang mit Neid, Missgunst und anderen Bösartigkeiten

Wie sich manche Personen wichtig machen

Negative Gerüchte um meine Person erfahre ich meist wesentlich später als manche in meiner Umgebung. Das ärgert mich. Je früher ich so etwas erfahre, umso besser ist das für mich, weil ich dann schneller darauf reagieren kann. Ich muss ja auch meine Familie schützen. Ich habe gelernt, dass es sich bei Gerüchten nicht nur um Bösartigkeiten handelt. Gerüchte kommen oft von Personen, die sich selbst dadurch in den Mittelpunkt stellen wollen.

Eine gute Quelle für Gerüchte, die um meine Person kursieren, ist meine Friseurin. Bei ihr erfahre ich meist das Allerneueste. Wenn ich Fehler gemacht habe, und das wird herumerzählt, mache ich mir selbst Vorwürfe. Wenn ich mir aber nichts zu Schulden kommen ließ, mir also nichts vorzuwerfen habe, dann ärgere ich mich über die Tratscherei. Ich habe gelernt, damit umzugehen. Ich will nicht sagen, dass das inzwischen Routine ist, aber mittlerweile bin ich in der Lage, solche Dinge rasch abzuschütteln.

Helfen kann man nur jenen, die sich helfen lassen
Den Menschen das Fischen beibringen

Helfen kann man nur jemandem, der die Einsicht hat, sich verändern zu wollen. Wenn diese Einsicht nicht da ist, bleibt die Hilfe eine Einbahnstraße. Der Hilfsbedürftige wird zu einem Abhängigen. Man soll den Menschen nicht Fische schenken, sondern ihnen das Fischen beibringen.

Beim Helfen geht es nicht um das Annehmen eines Geschenks, sondern um die Möglichkeit, sich selbst helfen zu können.

Jeder Mensch kann in eine missliche Lage kommen und in der Folge auf die Hilfe anderer angewiesen sein. Das kann sogar starken Persönlichkeiten passieren. Jeder sollte sich vor Augen halten, dass es schöner ist, in der Rolle des Helfenden zu sein, als in jener, die Hilfe in Anspruch nehmen zu müssen.

Selbst in Phasen der Hochkonjunktur, in einer Zeit, in der er sich in Topform befindet, soll der Unternehmer, der Manager oder der Angestellte nicht hochmütig werden. Er sollte im Auge behalten, dass er in eine Situation kommen könnte, in der er Hilfe benötigt. Auch Menschen, die sehr aktiv sind und viel unternehmen, sind nicht davor gefeit, in eine Lage zu geraten, in der sie ohnmächtig sind. Wer das Gefühl der Ohnmacht nie erlebt hat, kann die Grenzen des Machbaren nicht einschätzen. Es gibt diese Grenzen, und mit dem Ausloten derselben muss man sehr vorsichtig sein.

Ein Beispiel: Die Raiffeisenlandesbank Oberösterreich hatte im Jahr 2008 einen Finanzierungszuwachs von rund 30 Prozent. Im Gefolge der Lehman-Pleite am 15. September, als viele Firmen schon die Notbremse gezogen hatten, haben wir das nicht gemacht. Als wir zu bremsen anfingen, hat die Bremswirkung zu lange gedauert. Die guten Betriebe sind runter vom Umsatz-Gas und haben auf die Kosten-Bremse gedrückt. Sie haben damit so viel Cashflow generiert, dass sie keine zusätzlichen Kredite benötigten. Und investiert haben sie auch nicht. Hätten wir die schwachen Betriebe, die auf dem Umsatz-Tempo geblieben sind, auch 2009 noch weiter finanziert, hätten wir uns schuldig gemacht, wenn sie auf der Strecke geblieben wären. Nun müssen wir sie systematisch durchtragen. Im Sinne der Nachhaltigkeit haben nur jene Betriebe eine Chance, die auf qualitatives Wachstum setzen.

Ohnmacht habe ich aber auch im persönlichen Bereich erlebt, zum Beispiel mit meinen Töchtern, etwa wenn in ihrer Pubertät ihre und meine Vorstellungen bezüglich Schule auseinanderklafften. Nach der Matura habe ich ihnen die Freiheit gelassen, das zu studieren, was sie wollten. Ich war dann nur mit den Freunden, mit denen sie heimgekommen sind, nicht immer einverstanden. Meine Frau hat öfter zu mir gemeint: „Lass sie, sie müssen selbst draufkommen." Mich hat das geschmerzt, ich hätte es ja gut mit ihnen gemeint, musste ihre Freunde aber zur Kenntnis nehmen. Meine Frau war hier verständnisvoller und hat mich oft getröstet.

Auch im Berufsleben hat man natürlich oft das Gefühl, für andere Menschen Verantwortung übernehmen zu müssen. Wenn ich deutlich sehe, was jemand tun sollte, und ich ihm intensiv zurede, er befolgt meinen Rat jedoch nicht – was soll ich dann machen? Sein falsches Verhalten kann zu einem Zusammenbruch führen, einem finanziellen oder psychischen Crash. Wenn man spürt, dass man nichts ändern kann, dann muss man lernen, mit dem Problem umzugehen. Man sollte diese Angelegenheit aber nicht mit in den Schlaf nehmen und schon am Morgen wieder als erstes Thema auf dem Tablett haben, denn sonst ruiniert man sich.

Meine Art, mit einem scheinbar unlösbaren Problem umzugehen, ist, das Thema auf einen Zettel zu schreiben und ihn abzulegen. Wenn ich ihn nach ein paar Tagen aus der Schublade nehme, schaut die Situation meist schon ganz anders aus. Manche Dinge erledigen sich von selbst, da war es klug, dass man nicht weitermarschiert ist. Aus der Entwicklung heraus entsteht oft Klarheit, die automatisch zur Lösung führt. Man darf sich nicht treiben lassen von den Zielen, die man sich gesetzt hat. Dann erreicht man das gewünschte Ergebnis eben erst später. Möglicherweise erreicht man das Ziel nicht mehr im heurigen Jahr, sondern erst im nächsten. Man muss die Ziele der Realität anpassen.

Wenn es um einen bestimmten Menschen geht, muss man lernen, ihn loszulassen. Man kann ihn nicht zu Tode betreuen und begleiten. Da wird es nur noch schlimmer. Die Abhängigkeit wird so groß, dass gar nichts mehr geht. Das Umsorgen hat Grenzen. Es sei denn, der Hilfsbedürftige benötigt es.

Die Erkenntnis aus Fehlern, die man gemacht hat, darf nicht verloren gehen, sonst besteht die Gefahr, dass man sie wiederholt. Man vergisst sie aber hin und wieder.

Das ist die kognitive Dissonanz des Menschen. Oder wie in der Bibel steht: „Der Geist ist willig, aber das Fleisch ist schwach." Die Frage ist, wie viel man lernt und was auf Dauer bleibt. Was ist stärker? Der Gaumen oder der Magen? Der Gaumen ist ein Nimmersatt, der Magen aber ist der Leidtragende. Leider ist der Gaumen deshalb stärker, weil er eine bessere Beziehung zum Gehirn hat. Er ist sensibler, der Bauch hingegen träge. Das sagt sehr viel aus. Die Lust zu verdrängen, zu jagen, Beute zu machen, ist oft sehr stark. Das Problem ist nur, dass andere dann vielleicht unter diesem Antrieb leiden. Man muss die Dinge ausloten. Es ist hilfreich, wenn man einen guten Spiegel hat. Bei mir sind das die eigene Frau und gute Freunde. Die Kinder sind es meistens nicht, denn sie sind zu kritisch. Sie werden erst gute Freunde, wenn sie ein bestimmtes Alter, eine gewisse Reife erreicht haben. Mir ist es auch so ergangen. Ich habe bei meinem Vater immer nur die Fehler gesehen. Je älter mein Vater geworden ist, umso mehr habe ich ihn schätzen gelernt. Plötzlich sind mir seine Sprüche wieder eingefallen, mit denen ich früher oft nichts anfangen konnte. Nach und nach wurde mir bewusst, was er mir alles mitgegeben hat.

Oft geht es nicht um Geld, sondern um Zuwendung
Sozial sein heißt, auf Mitmenschen mit Wärme zugehen

Viele Menschen benötigen nicht in erster Linie materielle, sondern emotionale Zuwendung. Damit ist meistens der erste Schritt schon getan. Ihnen ist die menschliche Nähe, das Ernstgenommen-Werden wichtig. Sie brauchen jemanden, der sich ihrer Probleme annimmt, sie anhört, die Sorgen teilt und Problemlösungen anbietet. Die Menschen wollen menschliche Wärme.

Das liegt auch daran, dass manche mit wenig Geld gut durchkommen. Es gibt aber auch Menschen, die nicht genug Geld haben können und nicht das Auslangen finden. Die Not kommt häufig vom Vergleichen. Ich habe den Eindruck, dass die Menschen früher mit viel weniger glücklicher sein konnten. Manche stehen unter einem sozialen Zwang: Wenn sich die Nachbarin, der Nachbar, der Schulfreund oder der Fußballkollege mehr leisten kann, muss derjenige dann menschlich enorm gefestigt sein, um nicht unter sozialen Druck zu geraten.

Das Problem vieler Jugendlicher ist, dass sie aufgrund falscher Einflüsse verlernt haben, aktiv zu sein, und so zu Mitläufern werden. Wenn sie aber in Bereichen mitlaufen, die sie geldmäßig nicht bewältigen, sacken sie in ein finanzielles Dilemma ab. Sie können sich daraus kaum befreien. Die Ursache ist der soziale Zwang. Ich frage mich oft, warum es der Einzelne nicht schafft, die Ausgaben den Einnahmen anzupassen? Manche wissen oft gar nicht, wie viel sie monatlich tatsächlich ausgeben. Das Resultat ist häufig, dass die Betroffenen sich an anderen orientieren, an Gruppen, denen sie angehören wollen. Sie konzentrieren sich zu sehr auf andere und vergessen dabei, ihr eigenes Leben zu gestalten.

Geld

Wer investiert, braucht einen langen Atem

Wer die Nerven dazu nicht hat, sollte beim Sparbuch bleiben

Man darf nicht gierig sein und ständig die Gedanken beim schnellen Geld haben. Der Anleger muss auf Zeit setzen und braucht dafür einen langen Atem. Wenn die Börsenkurse nicht steigen, muss man eben ein paar Jahre durchhalten. Die Devise des Börsengurus André Kostolany lautete: An der Börse gibt es die „Zittrigen“ und die „Hartgesottenen“. Wenn die Zittrigen nicht mehr an die Börse gehen, können die Hartgesottenen nichts mehr verdienen, denn die Zittrigen gehen zur Unzeit an die Börse und zur Unzeit von der Börse. Die Hartgesottenen aber steigen genau antizyklisch ein.

Das schnelle Abcashen ist eine Illusion. Es entspricht der amerikanischen Mentalität, passt aber nicht zu unserer. Das halten wir auch nicht aus. Die Mitteleuropäer sind geprägt durch Geschichtsbewusstsein und Tradition. Sie tragen die Erfahrungen in sich und denken deshalb wesentlich langfristiger und nachhaltiger. Die amerikanische Mentalität orientiert sich lediglich am „Heute-auf-Morgen“. Die Amerikaner wollen schnelles Geld, sie bilden keine Reserven und betreiben ein reines „Shareholder Value“. Es zählt für sie nur der schnelle und nicht der nachhaltige Mehrwert.

Es ist deshalb auch gefährlich, wenn wir die amerikanischen Buchhaltungsmethoden übernehmen. Denn diese werten jedes „Fettrandl“ auf. Bei den österreichisch-deutschen Buchhaltungsmethoden werden hingegen stille Reserven angesammelt, die antizyklisch im Unternehmen bleiben.

Wenn man sich an einer Firma beteiligt oder in Wertpapiere investiert, darf man nicht nervös werden, wenn man nicht sofort Geld zurückbekommt. Da gibt es manche, die können wegen ihrer Beteiligung nicht mehr schlafen. Die Anspannung, wann endlich die Kurse steigen könnten, belastet sie derart, dass sie nichts mehr von ihren Wertpapieren wissen wollen. Schließlich verkaufen sie alles und verlieren dabei natürlich Länge mal Breite. Wenn man nicht die Nerven für solche Geldgeschäfte hat, sollte man lieber beim Sparbuch bleiben. Eine gewisse Reserve auf dem sicheren Sparbuch sollte sowieso immer zur Verfügung stehen.

Wer investiert, braucht also einen langen Atem. Die Aktienzyklen dauern im Durchschnitt fünf Jahre. Aber man sollte nicht sein gesamtes Geld in Aktien anlegen, sondern sein Vermögen aufteilen: ein Drittel Sparbuch, ein Drittel Anleihen und ein Drittel Aktien. Wichtig ist, dass man sich für den persönlichen und familiären Bereich absichert. Für mich war zum Beispiel wichtig, dass unsere Töchter zuerst einmal Wohnungen bzw. Häuser haben. Damit verfügen sie über eine Grundbasis.

Vorsicht bei den so genannten Finanzoptimierern! Sie zeigen nur vor, was gut gegangen ist. Was alles schieflaufen kann, wird selbstverständlich nicht angesprochen. Das kann ein schlimmes Ende nehmen. Hier sind uns als Bank schon ganz schwierige Fälle untergekommen.

Unsere Berater loten aus, ob es sich bei einem potenziellen Anleger um einen Hartgesottenen oder um einen Zittrigen handelt. Einmal wollte ein Arzt unbedingt bestimmte Aktien. Er sagte, wenn er sie nicht bei uns bekäme, müsse er sie sich woanders besorgen. Sie wurden ihm verkauft. Dann platzte die Technologieblase. Er selbst ist nicht mehr gekommen, sondern hat seine Schwiegermutter geschickt. „Bitte tut etwas“, flehte sie, „der Schwiegersohn hält das nicht mehr aus. Bringt das ins Geld.“ Unsere Mitarbeiter antworteten, dass er viel Geld verlieren würde, wenn sie das jetzt gleich machten. Ich habe unsere Mitarbeiter gefragt: „Habt ihr das nicht gesehen?“ – „Ja, schon“, lautete ihre

Antwort, „aber wenn wir sie ihm nicht verkauft hätten, hätte er sie woanders erworben." Dies ist einer jener Fälle, für die mein Sprichwort zutrifft: „Da ist es mir lieber, ich sehe die Fersen als die Zehen." Wenn jemand wirklich spekulieren will und wir ihm das nicht ausreden können, ist es besser, er macht das woanders, jedenfalls nicht bei uns.

So bleibt das Risiko überschaubar

Die Devise lautet: oft, schnell, sicher und klein abbeißen

Wir hatten einmal eine sehr schwierige Situation im Treasury. Dieser Bereich ist für den Handel mit Devisen, Aktien und Anleihen zuständig. Die Händler haben nichts mehr verdient und hätten deswegen enorme Risiken auf sich genommen, die ich aber nicht eingehen wollte. Ich habe sie deshalb zu einer Klausur versammelt, die ich beim Wirt im Schmidgraben ausklingen ließ. Dort habe ich die Losung ausgegeben: „Freunde, oft, schnell, sicher und klein abbeißen ist die Devise, so kann uns nichts passieren. Und wenn einer eine Position hat, die er am Abend nicht schließen kann, was ja hin und wieder vorkommt, dann erschallt der Schlachtruf, ‚an die Rohre', jeder muss mithelfen, um einen Teil dieser offenen Position zu schließen."

Es ist viel vernünftiger, auf gute Teams zu setzen als auf so genannte Superstars. Wenn diese Einzelkämpfer auf der Strecke bleiben, birgt das enorme Risiken. Ich brauche keinen Superstar, sondern ein Superteam. Es ist viel besser, viele kleine Steine schnell und sicher zu haben, als mit einem riesigen Stein herumzuhantieren, der ins Rollen kommt und einen möglicherweise erschlägt.

Dieses Prinzip des häufigen, schnellen, sicheren und kleinen Abbeißens gilt für mittelständische Betriebe genauso wie für große Unternehmen. Wenn eine Firma nur ein oder zwei Abnehmer hat, ist sie diesen ausgeliefert. In so einem Fall halte ich mich an folgenden Grundsatz: Wenn ein Kunde von ein und demselben Produkt 20 Prozent oder mehr abnimmt, dann muss der Verkäufer den Kunden gut kennen. Er muss genau auf die Bonität dieses Kunden achten, damit er nicht Gefahr läuft, von heute auf morgen 20 oder mehr Prozent seines Umsatzes zu verlieren, und möglicherweise auch noch einen Forderungsausfall hat. Wenn die Bank in so einem Fall nicht hilft, kann es passieren, dass das Unternehmen in die Insolvenz mithineingezogen wird.

Bescheidenheit ist empfehlenswerter als prahlerisches Auftreten
„Wenn du etwas kaufen willst, sag es nicht, denn dann wird es zu teuer"

Im Wirtschaftsleben darf man immer erst dann gackern, wenn das Ei gelegt ist. Nur nichts sagen, lautet die Devise. Denn sonst kommen die Neider, die alles hintertreiben, und man bringt das Geschäft nicht mehr wie gewünscht über die Bühne. Wenn man herumgackert, kommt man nicht mehr zum Eierlegen. Das heißt, durch die erhöhte Aufmerksamkeit und das verzögerte Handeln wird die Sache teuer, man zahlt einen überhöhten Preis – die Quittung für unprofessionelles Vorgehen. Mein Vater hat mir immer gesagt: „Wenn du etwas kaufen willst, sag es nicht, denn dann wird es zu teuer."

Wenn etwas sehr teuer ist, man es aber aus strategischen Gründen haben will, muss man schauen, dass man alle Synergien nutzt. Dann rechnet es sich in Summe.

Um erfolgreich zu sein, muss man sich mäßigen. Man darf sich nicht darstellen wie ein Pfau, denn so bietet man zu viel Angriffsfläche. Bescheidenheit ist viel wichtiger als prahlerisches Auftreten. Es ist vernünftiger, in einfachen Schuhen daherzukommen als in genagelten. Angemessene Kleidung ist besser, als wie ein Dressman auszusehen. Wenn einer mit einem großartigen Gehabe auftritt, befällt den Geschäftspartner entweder Angst, weil er in Sorge ist, über den Tisch gezogen zu werden, oder er sagt sich, weil er gewieft und von dem Getue des Angebers genervt ist: „Den lege ich rein." Dann geht es nicht mehr ums Geschäft, sondern darum, es dem Prahler zu zeigen. Unter dem Motto: „Wenn der meint, er ist besonders g'scheit, dann werde ich ihm das Gegenteil beweisen." Ich erinnere mich an den Ausspruch eines Bekannten, der über sein Gegenüber gesagt hat: „Das ist der bestangezogene Hohlkopf, den dieses Unternehmen je gehabt hat."

Ein anderer „Fall", der mir schon einmal begegnet ist, war einer, der sich sogar eine nasale Sprache angeeignet hat, um sich präsentieren zu können und die Aufmerksamkeit auf sich zu lenken. Man hat aber sofort gespürt, dass da nicht viel dahintersteckt. Ich bin der Meinung, dass man auf die guten Männer und Frauen setzen muss, die sich so verhalten, wie sie wirklich sind, und sich nicht, für welchen Zweck auch immer, verstellen. Denn die Aufrichtigen streben nicht den kurzfristigen, sondern den nachhaltigen Erfolg an. Wenn jemand auf Eitelkeit Wert legt oder man spürt, dass er gierig und maßlos ist und nicht genug bekommen kann, dann ist klar: Er richtet die Konzentration auf das Falsche. Die unweigerliche Konsequenz ist, dass er früher oder später Fehler machen wird und bei so manchen Geschäftspartnern nicht besonders gut ankommt. Er verunsichert mit seinem Verhalten nicht nur sich selbst, sondern auch die eigene Umgebung.

Umgekehrt muss man aber auch Acht geben, dass man nicht zu bescheiden wird. Denn dann besteht die Gefahr, dass man ausgenützt wird. Wenn man über die wertvolle Fähigkeit einer hohen Problemlösungskompetenz verfügt, muss man aufpassen, dass nicht zu viele etwas von einem wollen. Viele Menschen picken sich gerne die Rosinen heraus und nehmen sich, was sie wollen, geben aber selbst nichts zurück. Das geht nicht. Man hat bis zu einem gewissen Grad soziale Verpflichtungen – da kann man die eine oder andere „gute Tat" ohne Gegenleistung schon vollbringen. Doch auch auf die Gefahr hin, dass man ohne solche Taten „aalglatt" wird, muss man vorsichtig sein, dass man sich nicht selbst überfordert und ausnützen lässt.

Ich habe einmal einem ranghohen Politiker den Rat gegeben, er solle aufpassen, dass er nicht „sprechtagsgeschädigt" werde. Denn zu den Sprechtagen kommen auch so manche Querulanten und Leute, die immer nur fordern. Wie soll ein Politiker vernünftige politische Strategien entwickeln, wenn er es immer nur mit anormalen Verhältnissen zu tun hat? Die Gefahr ist groß, dass er selbst verunsichert wird. Es werden ihm extreme Situationen geschildert, die nur auf einen ganz geringen Prozentsatz der Bevölkerung zutreffen. Der Politiker schließt daraus auf die Gesamtheit und meint, dass hier gesetzlich vorgebaut werden müsse, es entsteht eine Anlassgesetzgebung.

Dieselbe Problematik trifft auf Journalisten zu. Sie transportieren primär negative Nachrichten und erwecken damit den Eindruck, vieles sei schlecht und schlimm geworden. Sie verzerren damit das Bild unserer Gesellschaft.

Meine Devise war immer, gute Kunden ins Boot zu holen. Kunden, die Erfolg haben. Ich muss mich mit ihnen freuen können, muss spüren, dass sie profitieren und wir ebenfalls. Nicht die Probleme sollten im Vordergrund stehen, sondern die Errungenschaften und die Freude daran. Das erreicht man, indem man sich in den Geschäftspartner hineindenkt. Es ist wichtig, sich in den Kunden hineinversetzen zu können. Man stellt sich einfach die Frage, wie es ihm dabei geht. Im Sinne der chinesischen Weisheit sollte man darauf achten, dass er nicht in Gefahr gerät, sein Gesicht zu verlieren. Wenn ich den Partner einmal übers Ohr gehauen habe und er dabei sein Gesicht verliert, macht er garantiert nie wieder ein Geschäft mit mir. Er ist dann derjenige, der wieder einmal über den Tisch gezogen wurde. Das kränkt und verletzt den Stolz eines Menschen.

Kreative Taten zum richtigen Zeitpunkt setzen
Das Hendl muss sich das Körnchen suchen

Man muss spüren, was die Menschen brauchen, wo Handlungsbedarf besteht. Ein Beispiel ist die Widmung von Bauland in den Gemeinden. Der ehemalige Landeshauptmannstellvertreter von Oberösterreich und nunmehrige Wirtschaftskammerpräsident Christoph Leitl hat durch eine Novellierung des Raumordnungsgesetzes den Gemeinden eine aktive Baulandpolitik ermöglicht. Die Eigentümer waren aufgefordert, die Grundstücke entweder selbst zu verbauen oder sie der Gemeinde zum Kauf anzubieten. Diese erhielten dadurch die Möglichkeit, ihren Ort zu entwickeln und bestimmte Flächen entweder als Gewerbegebiet oder als Bauland für Häuslbauer anzubieten. Manche Gemeinden waren damit überfordert, weil ihnen beispielsweise das nötige Geld dafür fehlte. Die Raiffeisenlandesbank ist in dieser Situation eingesprungen, wir haben hier ein neues Geschäftsfeld entwickelt. Wir helfen einerseits den Gemeinden, indem wir den Grundstückskäufern bzw. den Häuslbauern die Finanzierung anbieten, und haben andererseits die Chance, neue Kunden zu gewinnen.

Ein anderes Beispiel für das Handeln zum richtigen Zeitpunkt, durch das beide Parteien profitierten, war die Finanzierung von Salzsilos für die Saline AG. Dies haben wir über Leasing abgewickelt.

Wir sind hier sehr kreativ und relativ offen für Neues. Das hat mir einmal die scherzhafte Vorhaltung eines Kunden eingetragen: „Ihr macht schon alles, nur Ehevermittlung noch nicht.“ Ich habe ihm geantwortet: „Das bringt nur Verdruss. Das werden wir sicher nie machen.“

Vorsicht beim Einstieg eines Finanzinvestors

Wer heute etwas macht und morgen abcashen will, bringt die gute Sache in der Regel um

Wenn ein Finanzinvestor bei einer Firma einsteigt, mahne ich immer zur Vorsicht. Der Investor zahlt einen hohen Preis, damit er in dem kurzen Zeitraum von drei bis fünf Jahren sein Geld wieder herausholt. Er räumt dann 70 bis 80 Prozent des Cashflows aus. In solch einem Fall kann das Unternehmen aus sich heraus nicht mehr investieren und daher im Wettbewerb nicht mehr mithalten. Das Management wird unruhig und die Mitarbeiter sind negativ eingestellt, denn sie engagieren sich, doch nur der Finanzinvestor holt die Gewinne ab. Das wirkt demotivierend.

Man muss dafür Sorge tragen, dass sich Unternehmen souverän entwickeln. Ein Beispiel ist die Firma Grill & Grossmann aus Attnang-Puchheim. Die Eigentümer haben gestritten, die Firma ging in Konkurs. Da kam Alois Fill zu mir und meinte: „So ein Wahnsinn, schade um die Firma!" – „Ja", antwortete ich ihm, „es ist schade. Was ist? Führen wir sie weiter? Wir verstehen etwas von Betriebswirtschaft, wie man mit Geld umgeht, wir können Eigenkapital einsetzen. Du verstehst etwas von der Technik, wie man das Produkt herstellt. Übernehmen wir sie aus dem Konkurs?" Wir haben sie übernommen. Gemeinsam haben wir ein exaktes Monitoring entwickelt, für ein gutes Management gesorgt und darauf geachtet, dass die zuverlässigen und engagierten Mitarbeiter bleiben. Heute ist die Firma nicht nur aus dem Konkurs geholt, sondern zu einem ausgezeichneten Unternehmen gewachsen. Internorm übernahm schließlich die Firma, weil sie gut zu deren Fenster- und Türenproduktion passte. Wir haben uns verständigt und uns Schritt für Schritt zurückgezogen. Internorm übernahm allmählich die Mehrheit, und heute profitieren beide Firmen. Rückblickend war das ein tadelloser Werdegang, weil wir aufgrund des Konkurses wenig bezahlt haben und langsam und sauber abgelöst wurden.

Das Geldausgeben muss lustig sein
Freundlichkeit und Charme kosten nichts, bringen aber viel

Unter den Bankmanagern gibt es die unterschiedlichsten Charaktere, darunter die Rechenmeister, die alles kalkulieren wollen. Wenn wir als Bank aber nur das machen würden, was wir berechnen können, ginge vieles, aber manches eben nicht.

Ein Beispiel ist der Bau der Therme Geinberg im Innviertel. Niemand konnte uns eine 60-prozentige Auslastung garantieren. Wir haben uns bemüht, gute Mitarbeiter zu finden. Sie sollten etwas vom Tourismus verstehen und natürlich freundlich und sympathisch sein. Ein konstant kompetentes Auftreten des Personals beginnt an der Rezeption und endet im besten Falle an der Bar. Eine fade Kellnerin, die nie lacht, wird wenig Umsatz bringen.

Wir hatten einmal eine derartige Mitarbeiterin, die hinter der Bar gestanden ist und sich nicht gerührt hat. „Sehen Sie denn nicht, wie viele hier sitzen und nichts mehr zu trinken haben?“, habe ich sie angeredet. „Ich war eh schon dort“, war ihre Antwort. „Solange er da ist, müssen Sie immer wieder zum Gast gehen und ihn ansprechen, ob er nicht noch etwas möchte. Er darf nicht auf dem Trockenen sitzen“, sagte ich zu ihr. Man muss mit Sympathie und Charme auf die Menschen zugehen, ihre Emotionen wecken, um ihnen ihren Aufenthalt unvergesslich zu machen. Das kostet nichts, bringt aber viel, und die Gäste fühlen sich wohl. Dann geben sie auch mehr Trinkgeld.

Hermann Zittmayr, der ehemalige Generaldirektor von Schärdinger Milch, hat mir einmal geraten, der Kellnerin das Trinkgeld vorweg zu geben und nicht zum Schluss. Es soll angemessen sein, nicht zu wenig und nicht zu viel. Das muss man im Gespür haben. An diesen Rat halte ich mich.

Um unsere Bankmitarbeiter für außergewöhnliche Leistungen zu entlohnen, haben wir ihnen nach der Eröffnung Gutscheine für die Therme geschenkt. Damit war eine Bedingung verbunden: Sie mussten notieren, was die Bediensteten des Hotels außergewöhnlich gut und weniger gut gemacht haben. Die negativen Kritikpunkte wurden mit dem Personal der Therme abgearbeitet.

Ich selbst bin einmal zur Frühstücksköchin gegangen und habe sie um ein Spiegelei gebeten. Sie hat mich angeschaut und „mhm …“ gemurmelt. Ich habe ihr gesagt, dass die Antwort „ja, gerne“ lauten sollte. Anschließend habe ich meine Frau zu ihr geschickt, sie hat ebenfalls ein Spiegelei geordert. Als sie zurückkam, habe ich sie gefragt, was denn die Köchin gesagt habe. „Ja“ hätte sie geantwortet, erzählte meine Frau. „Ja, gerne“ hat sie noch nicht geschafft, aber immerhin ein Schritt in die richtige Richtung.

Dem Management der Therme habe ich geraten, nicht auf die Billigschiene zu setzen. Das Angebot muss stimmig sein, damit das Preis-Leistungs-Verhältnis passt, und wenn die Gäste heimfahren, sollen sie sagen: „Es war ein bisschen teuer, aber fesch war's.“ Dann kommen sie zwar nicht jeden Monat, sondern möglicherweise nur alle zwei Monate. „Das Geldausgeben in Geinberg“, habe ich gesagt, „muss lustig sein.“

Ein chinesisches Sprichwort, das meine Ansichten in einem Satz auf den Punkt bringt, lautet: „Wenn du nicht lächeln kannst, mach kein Geschäft auf.“

Geld ist ein Wertschöpfungsauftrag

Beim Geld geht es nicht um die Menge, sondern was man daraus macht

Geld ist ein abstrakter Wert, ein indifferenter Begriff. Es gibt Menschen, die haben viel Geld und sind unzufrieden, und es gibt Menschen, die mit wenig Geld glücklich sein können. Beim Geld geht es also nicht um die Menge, sondern um die Qualität. Es kommt darauf an, was man aus dem Instrument, das einem zur Verfügung steht, macht.

Wer von Geld beherrscht wird, ist ein armer Kerl. Die Kernfrage ist, ob man mit Geld Wertschöpfung, also Mehrwert generiert oder ob man Wertschöpfung vernichtet. Jesus hat im Gleichnis der anvertrauten Talente dazu aufgerufen, mit Geld Mehrwert zu schaffen. In der Bibel steht nicht, dass man die Hände in den Hosensack stecken und den Dingen ihren Lauf lassen soll, sondern es ergeht ein ganz klarer Schöpfungsauftrag. Jeder soll im Rahmen seiner Möglichkeiten und Fähigkeiten das tun, wozu er imstande ist – Schöpfungsauftrag meint Wertschöpfungsauftrag. Wir sind aufgerufen, Werte zu schaffen, denn sonst würde es keinen Wohlstand geben. Ohne Werte zu schaffen, kann man auch nicht sozial sein, denn dann stünde nichts zur Verfügung, womit man helfen könnte.

Dieser biblische Schöpfungsauftrag gilt nicht nur für mich und die Bank, sondern auch für die Kunden. Geld soll Spielräume schaffen und nicht einengen. Mein oberster Marketinggrundsatz lautet, unseren Kunden dabei zu helfen, dass sich ihr finanzieller Spielraum erweitert. Selbst wenn das kurzfristig nicht möglich ist, sollte man das langfristig und stets nachhaltig sehen. Wir tun das, was unsere Kunden brauchen und was ihnen gut tut. Damit haben wir uns von den Investmentbankern und den Spekulanten abgegrenzt. So sind wir auch souverän durch die Finanzkrise von 2008/2009 gesteuert.

Die entscheidende Frage ist die Zielsetzung. Ist die Gewinnmaximierung das Hauptziel der Bank oder ein notwendiges Unterziel? Die Raiffeisenlandesbank erwirtschaftet Gewinne, um die Erfolge auch in wirtschaftlich schwierigeren Zeiten absichern zu können. Die Bank muss risikotragfähig bleiben, denn es ist Aufgabe einer Bank, für ihre Kunden Risiko mittragen zu können, damit die Kunden mit ihrem Wagnis nicht allein bleiben. Wenn die Bank jedoch keine Gewinne erwirtschaftet, kann sie dem Kunden nicht mehr dienlich sein, was in ein Dilemma führt, denn die Bank ist ein Dienstleister. Gewinne sind Mittel zum Zweck, aber nicht Selbstzweck.

Ich bin das Gegenteil von Managern deutscher Großbanken. Diese setzen über die Filialen in London und New York, die die Gewinne erwirtschaften, fast ausschließlich auf Investmentbanking. Diese Banken haben sich zu sehr von ihren Kunden verabschiedet und ihr Geschäftsmodell verändert. Sie sind nicht mehr das, was sie einmal waren, und haben ihren Beitrag zur derzeitigen Verunsicherungsphase geleistet, denn sie praktizieren Kapitalismus in Reinkultur, und der liegt den Europäern nicht.

Meine Konzeption hingegen baut auf die Schaffung von Arbeitsplätzen. Damit können wir auch soziale Kompetenzen vorweisen. Wir setzen auf Kontinuität und Problemlösungsfelder, die andere nicht bearbeiten. Dabei stehen wir auf vielen Beinen. Damit ist die Bank abgesichert, sodass auch im schwierigen Jahr 2009 Steigerungen im Ergebnis möglich waren. Man muss flexibel sein. Es gibt Felder, auf denen zu bestimmten Zeiten mehr möglich ist, zu anderen Zeiten wieder weniger. Wenn zum Beispiel die Länder und Gemeinden aufgrund der Konsolidierung ihrer Haushalte Investitionen nicht finanzieren können, ist es unsere Aufgabe, Modelle zu schaffen, damit Mehrwert generiert werden kann. Aus diesen Überlegungen heraus ist die Kampagne der Revitalisierung und der thermischen Sanierung von Häusern und Ortszentren entstanden. Auf diese Art und Weise können die Bürgermeister ihre Ortszentren erneuern, ohne ihre Budgets zu belasten.Wir werden dieses Thema und diese Initiativen fortsetzen. Die Aufgabe der öffentlichen Hand ist es nicht, die Unternehmer und die privaten Initiativen zu ersetzen. Ihre Rolle besteht darin, vernünftige Rahmenbedingungen zu schaffen und in der Verwaltung zu raschen Entscheidungen zu kommen, damit investiert werden kann.

Ein sehr gutes Beispiel, wie Banken eine wichtige regionalwirtschaftliche Rolle spielen können, ist Internorm Sarleinsbach (Bezirk Rohrbach, Oberösterreich). 1976 ging hier eine Großtischlerei pleite. Ich habe mich massiv eingesetzt, dass die bereits erwähnte Fensterfirma Internorm den Betrieb übernimmt, heute sind dort

600 Menschen beschäftigt. Wenn sie dort keine Arbeit gefunden hätten, würde das für die Oberösterreicher heute ein tägliches Pendeln nach Linz bedeuten. Dieser Betrieb ist für das Obere Mühlviertel von überragender Bedeutung.

Schulden können positiv und negativ sein

Es hat keinen Sinn, das ganze Leben nur für die Rückzahlung eines Kredits zu arbeiten

Man nimmt Schulden für eine größere Investition auf, um sich zum Beispiel ein Haus zu bauen oder eine Wohnung zu kaufen. Meistens kann man diese hohen Geldsummen nicht nur mit dem Angesparten finanzieren. Der Einzelne sollte sich aber nur dann eine Wohnung kaufen oder ein Haus bauen, wenn er sicher ist, dass er die monatlichen Rückzahlungen bedienen kann. Ich kenne Häuslbauer, denen nach dem Rohbau das Geld ausgegangen ist. Sie konnten sich die Installationen und die Inneneinrichtung nicht mehr leisten.

Menschen, die sehr hohe Kredite aufnehmen wollen, rate ich immer davon ab. Unter ihnen war einmal ein Universitätsassistent. Ich habe ihm gesagt, es habe keinen Sinn, sein ganzes Leben nur für das Haus zu arbeiten. „Du wirst keine Freude daran haben, denn du hast keinen finanziellen Spielraum mehr. Du kannst dir keinen Urlaub mehr leisten, weil du nur noch für das Haus buddelst, du schaffst das nicht. Nimm dir eine Wohnung, und solltest du einmal ein höheres Einkommen haben und das alles schaffen, kannst du dir immer noch ein Haus kaufen." Er hat meinen Ratschlag angenommen und mir später versichert: „Du hast mir sehr geholfen. Ich hätte mich da auf etwas eingelassen, das ich kaum hätte bewältigen können. Ich hätte nur mehr für das Haus gehackelt."

Kredite aufzunehmen, um an den Börsen zu spekulieren, ist zu waghalsig. Es gibt Finanzdienstleister, die den Leuten vorrechnen, was sie dabei verdienen könnten, und ihnen Fremdwährungskredite ans Herz legen. Sie raten ihnen ab, zur Raiffeisenbank zu gehen, weil wir das Eingehen derartiger Risiken ablehnen. Ich bekomme immer wieder Anrufe von Menschen, die unbedingt mit mir persönlich sprechen wollen. In solchen Fällen weiß ich meist schon, worum es sich handelt.

Da war beispielsweise einer bei mir, der seine ganze Abfertigung an der Börse investiert hat. Zusätzlich hat er sich noch einen Kredit aufgenommen. Ein Finanzdienstleister hat ihn in diese Situation hineingetrieben. Eines Tages musste er erleben, dass von diesem Geld nichts mehr da war. Ihm blieben nur Schulden.

Solches Handeln ist verwerflich. Es ist weder verantwortungsbewusst noch nachhaltig. Das sind die schnellen Abcasher, denen es lediglich um die eigene Provision geht. Von der Finanzmarktaufsicht erwarte ich hier ein Einschreiten.

Manche Menschen, die im Umgang mit Geld Schwierigkeiten haben, schaffen es nicht, die sozialen Zwänge in den Griff zu bekommen. In bestimmten Kreisen ist es wichtig, Autos bekannter Marken zu fahren, gewisse Urlaubsdestinationen zu buchen oder eine tolle Freundin zu haben, ein traumhaftes Haus oder eine schöne Wohnung. Manche können sich diese Dinge nicht leisten, sind aber nicht in der Lage, sich von diesen sozialen Erwartungen und scheinbaren gesellschaftlichen Notwendigkeiten abzugrenzen, wodurch sie in Abhängigkeiten geraten. Es ist aber nun einmal eine einfache Rechnung, dass man nicht mehr ausgeben darf, als man einnimmt. In so einem Fall muss man eine gekündigte Freundschaft der Überschuldung und dem Privatkonkurs vorziehen. Die Frage ist, ob es nicht vernünftiger wäre, nur eine statt zwei Wochen auf Urlaub zu fahren und den eingesparten Teil des Geldes auf ein Sparbuch zu legen. So ist es möglich, Mehrwert zu kreieren. Wenn man alles ausgibt, ist alles weg, wenn dann aber plötzlich ein Ereignis eintritt, mit dem man nicht gerechnet hat, schaut man durch die Finger. Mit einer eisernen Reserve kann ich das abdecken. Wenn ich diese aber nicht habe, bin ich gezwungen, einen Kredit aufzunehmen, um ihn dann abzustottern. Es geht in diesem Fall nicht um einen spekulativen Wertzuwachs, sondern um eine Absicherung. Was tut einem besser? Ein, zwei Bier mehr zu trinken oder ein paar Euro auf das Sparbuch zu legen? Die Antwort ist klar. Andererseits soll man auch nicht geizig werden, denn sonst ist man gleich ein Spießer.

Arbeit & Wirtschaft

Führungspersonen müssen Position beziehen
Entscheidungen sind durchzutragen

Manche meinen, ich hätte einen autoritären, patriarchalischen Führungsstil. Meiner Meinung nach hängt das aber von der Begriffsdefinition ab. Wenn ich einem Mitarbeiter auftrage, „das und das hast du zu machen, frag nicht, red nicht lange herum, sondern mach einfach, was man dir sagt“, dann ist das autoritär. Wenn ich ihm aber erkläre, „wir haben ein wichtiges Projekt“, ihn frage, „willst du das machen?“, und er übernimmt es, weil er von der Nützlichkeit und Notwendigkeit überzeugt ist, was ist daran autoritär? Übernimmt er aber das Projekt und führt seine Aufgaben nicht wie besprochen aus, werde ich verständlicherweise grantig.

Die Zeit, in der die großen Bosse einsame Entscheidungen getroffen haben, ist definitiv vorbei. Der Erfolg eines Unternehmens hängt niemals nur von einer Person ab. Es geht um das Zusammenspiel aller Mitarbeiter, und nur motivierte Mitarbeiter sind gute Mitarbeiter. Deshalb versuche ich auch, meine Mitarbeiter so einzusetzen, dass sie gut miteinander umgehen können und ein gutes Arbeitsklima herrscht. Wenn mir einer anvertraut, „ich komme mit meinem Kollegen nicht zurande“, werden wir eine Lösung finden. Ich sage den Mitarbeitern aber auch: „Wenn ihr das Gefühl habt, ich habe jemandem Unrecht getan, dann meldet euch bitte. Nicht zwischen Tür und Angel, wenn ich gerade unter Druck bin, sondern zu einem Vier-Augen-Gespräch.“

Menschen, die nachtragend sind, können ihre Mitarbeiter nicht gut führen. Denn sie vertragen es nicht, wenn sie von ihnen kritisiert werden. Das ist schlecht, denn man muss Kritik verkraften können. Außerdem kann sie zu Anregungen, Überlegungen und somit zu Verbesserungen führen. Das sollte man sich nicht nehmen lassen.

Bei der Führung des Vorstandes ist es für mich wichtig, dass jedes Vorstandsmitglied klar Position bezieht. Manche haben die Eigenart, das nicht zu tun. Ich halte das für schlecht. Sie sagen nicht konkret Nein, sondern distanzieren sich indirekt mit Fragen wie: „Ob das gutgehen wird?“ Wenn es aber zur Abstimmung kommt, heben sie doch zustimmend die Hand. Mit Vorstandsmitgliedern, die so agieren, tue ich mich schwer, ich kann mich nicht auf sie verlassen. Wenn die Sache gutgeht, argumentieren sie: „Ich war dafür.“ Wenn es aber schlecht läuft, sagen sie: „Ich habe schon damals bezweifelt, ob das gutgehen wird.“

Derart zwiespältige Positionen toleriere ich nicht. Wenn der Vorstand eine Entscheidung getroffen hat, müssen alle Mitglieder darüber nachdenken, wie wir sie durchtragen, selbst wenn es schwierig ist. Im Nachhinein g'scheit zu sein und alles besser zu wissen, bringt niemandem etwas. Derartige Verhaltensweisen sind das Krebsgeschwür in vielen Unternehmen.

Es ist wichtig, dass die verschiedenen Positionen offen und ehrlich ausgetauscht werden. Jeder soll seine Meinungen und Befürchtungen sagen. Man muss auf die Bedenken eingehen, um die Ängste abzubauen. Aber schließlich und endlich muss man zu einer Entscheidung gelangen. Wenn einer immer nur Befürchtungen äußert, ist das zu wenig, dann ist er als Führungskraft nicht geeignet.

Wir im Vorstand denken über alles sehr genau nach. Wir überlassen nichts dem Zufall. Der letzte Tagesordnungspunkt einer Sitzung sind die Termine. Wir überlegen sehr genau, wer welche Veranstaltungen besucht, wer die besten Kontakte hat etc. Allein schon durch die Terminverteilung entsteht eine Hackordnung im Vorstand. Ich beobachte, wer sich stark, wer sich weniger engagiert und wem welche Termine wichtig sind.

Ich fordere von meinen Vorstandskollegen Führungsverhalten. Mit Persönlichkeiten, die so stark sind wie ich selbst, habe ich kein Problem, im Gegenteil, ich bin dankbar dafür. Auch wenn die Positionen konträr zu meinen sind. Meine Aufgabe als Generaldirektor besteht darin, dass die Stärksten und nicht die Schwächsten den Sprung an die Spitze schaffen, denn die Schwachen vertragen keine Starken in ihrer Umgebung. Sind schwache Charaktere in Führungspositionen, bedeutet das für Unternehmen eine Katastrophe. Sie müssen sich im Wettbewerb bewähren, was nur unter der Leitung stabiler und selbstbewusster Persönlichkeiten möglich ist.

Man muss die guten Mitarbeiter um sich versammeln. Wer den Druck und das Tempo aushält, ist dabei. Wem das zu viel wird, der bekommt eine andere Aufgabe. Wenn man viele gute, starke Mitarbeiter hat, finden die Schwächeren auch ihren Platz. Dafür haben die Starken Verständnis. Wenn sich aber die Schwächeren Dinge herausnehmen, wie zum Beispiel nur zu bestimmten Zeiten auf Urlaub zu gehen oder zu spät zu den Besprechungen zu kommen, gibt es Probleme. Es ist nicht akzeptabel, dass die Starken ständig zu Gunsten der Schwächeren zurückstehen müssen.

Es gehört zur Kultur des Hauses, dass ich die Stimme der Raiffeisenlandesbank Oberösterreich bin. Es kann nicht sein, dass verschiedene Mitarbeiter nach außen kommunizieren. Wenn sie nicht von mir autorisiert sind, dürfen sie nicht öffentlich Stellung nehmen. Es gibt bestimmte Situationen, in denen ich öffentliche Äußerungen delegiere. Dabei bevorzuge ich jene Mitarbeiter, die gerne bereit sind, Auftritte an Wochenenden wahrzunehmen.

Meine Führungsarbeit im Haus gestalte ich so, dass ich viele Klausuren abhalte, bei denen wir die Themen erarbeiten. Zweimal jährlich trifft sich der Vorstand zu eineinhalbtägigen Besprechungen. Dort entscheiden wir über unser weiteres Vorgehen. Generaldirektor bin ich wahrscheinlich deshalb geworden, weil ich sehr schnell spüre, in welchen Bereichen noch etwas drinnen ist, wo wir noch etwas unternehmen können. Oder ich sehe, wo es nicht so läuft, wie es laufen sollte.

Die verschiedenen Führungsschulen überzeugen mich nicht. Mein Führungsstil ist ein situativer, man muss ein Gespür dafür entwickeln. Ich muss die Mitarbeiter führen und jeden anders behandeln, ich muss mich auf die jeweilige Person einstellen. Planung und Planungssicherheit sind für meine Arbeitsweise zentral. Die Vorgaben werden intensiv erarbeitet. Damit weiß jeder, was möglich und nicht möglich ist. So vermeidet man, dass die Mitarbeiter „schwimmen" und nicht wissen, wohin die Reise geht. Die Mitarbeiter müssen geführt werden, doch viele Personen, die eine leitende Position innehaben, führen eben nicht, weil sie Angst haben, sie könnten etwas falsch machen.

Bei den Zielvereinbarungen wird genau festgelegt, wann wer was zu tun hat. Wichtig ist auch, dass die Mitarbeiter früh genug darauf aufmerksam machen, wenn Ziele nicht erreicht werden können. Das schätze ich sehr. Wenn es mir möglich ist, unterstütze ich sie. Wenn die Ziele trotzdem nicht erreichbar sind, muss man sie zurückstellen. Es gehört auch dazu, Eingeständnisse zu machen, wenn etwas aussichtslos ist. Es hat keinen Sinn, sich die Füße wund zu rennen, das ist nicht effizient. Aber man muss die Ziele auch nicht gleich ganz fallen lassen, sondern kann sie erst einmal zurückstellen und vielleicht andere Prioritäten setzen.

Mitarbeiter zu führen, bedeutet zu wissen, welche Aufgaben man wem zutrauen kann, welche Projekte wer erledigen kann. Der Chef ist vergleichbar mit einem guten Fuhrmann, der genau weiß, was er seinen Pferden aufladen darf. Wer nur mit der Peitsche arbeitet, bringt die Pferde um. Er treibt die Mitarbeiter ins „Burn-out".

Jeder Arbeitnehmer reagiert auf Anreize anders. Beim einen genügt bereits ein kleiner Hinweis, beim anderen wiederum darf oder muss man zum Holzhammer greifen. Ich bin Führungskraft geworden, weil ich mehr spüre als andere. Ich bin empfindsamer, als manche mir zutrauen. Ich weiß oft schneller, wie wir ein Problem lösen können, wie wir zusammenkommen können, ohne dass ich das meinem Gegenüber aufzwingen muss.

Die Konjunktur beginnt im Kopf
Die Konjunktur ist eine Sache der Psychologie

Wirtschaften ist eine Frage der positiven oder negativen Erwartungshaltung. Wenn man optimistisch ist, sich etwas zutraut, dann bringt man auch positive Ergebnisse. Ist man aber ängstlich, rührt das von einer negativen Sichtweise und Erwartungshaltung her.

Die Konjunktur beginnt im Kopf. Wenn alle Konsumenten und Investoren das Gefühl haben, es geht aufwärts, dann geben sie auch mehr aus und kurbeln so die Wirtschaft an.

Wenn ihnen jedoch Furcht suggeriert wird, weil schlechte Nachrichten leichter transportierbar sind als gute, dann bekommen sie tatsächlich Angst. Sie sind defensiv eingestellt und überlegen dreimal, ob sie wirklich investieren sollen. Der gute Konsument, der es sich grundsätzlich leisten könnte, hält sich zurück. Er fährt nicht zwei Wochen auf Urlaub, sondern nur eine. Er fragt vielleicht seine Frau: „Muss das neue Ballkleid sein? Kannst du nicht das vom Vorjahr anziehen?" Die Investoren nehmen ihre Investitionen zurück, die Exporteure trauen sich nicht, weil die Währungen volatil sind. Dann kann es nur bergab gehen. Die Wirtschaft gerät in eine depressive Phase. Beginnen zusätzlich die Preise stark zu sinken, ist die Deflation perfekt. Der ehemalige Linzer Volkswirtschaftsprofessor Kurt Rothschild hat Recht: Die Inflation beginnt erst ab der Zwei-Prozent-Marke, unter zwei Prozent ist die Wirtschaft deflatorisch.

Die Konjunktur ist eine Sache der Psychologie. Der Einzelne kann persönlich dazu beitragen. Wer positiv denkt, ist eine Lokomotive für die Konjunktur. Die negativen Vorkommnisse muss man sich zwar merken, aber man sollte unbedingt das Positive im Fokus haben. Wer negativ denkt, traut sich nichts mehr zu. Wenn ein Rennläufer im Starthaus steht und sich denkt, „heute packe ich es, heute gewinne ich", hat er gute Chancen, tatsächlich den Sieg zu erringen. Wenn er aber versucht, ihn zu erzwingen, wird es mit ziemlicher Sicherheit schiefgehen.

Die Routine, die sich im Laufe der Zeit einstellt, trägt maßgeblich zu einer ausgeglichenen Einstellung bei. Die Balance zwischen Vernunft und Emotion gilt es ebenfalls zu finden. In guter Arbeit steckt immer auch viel Herz, das für die Gefühle zuständig und oft entscheidend ist.

Nicht zuletzt müssen die Bauchmuskeln in Bewegung kommen, denn sie lockern den Menschen und lösen Verkrampfungen.

Jeder kann zu einem positiven Klima beitragen. Der eine hat einen größeren Radius, einen größeren Wirkungshebel, der andere einen kleineren. Aber der Radius ist nicht entscheidend. Entscheidend ist, dass er vernünftig genutzt wird. Strategie ist, wenn man weiß, was man will, was möglich ist, und dies Schritt für Schritt umsetzt. So kommt eine Stimmung auf, die sich zum Trend weiterentwickelt.

Wir haben keine Finanz-, sondern eine Verunsicherungskrise

Auslöser war die amerikanische Notenbank mit ihrem billigen Geld

Wir haben es nicht mit einer Finanz- und Wirtschaftskrise zu tun, sondern mit einer Verunsicherungskrise. Diese Verunsicherungskrise haben nicht die Manager eingeleitet, sondern die amerikanische Notenbank FED. Ihr strategisches Vorgehen war, die Zinsen niedrig zu halten, damit die Kredite billig sind, die Konsumenten kaufen und die Investoren investieren. Ihre Überlegung war, damit die Konjunktur anzukurbeln.

Was ist aber mit dem billigen Geld passiert? Es wurde in Börse und Immobilien investiert und so eine Immobilienblase kreiert. Die ständig steigende Nachfrage nach Immobilien trieb die Preise nach oben. Die Spekulanten haben das billige Geld für Käufe an den Börsen genutzt, wodurch die Kurse stiegen und stiegen. Die Krux ist, dass es bei spekulativen Blasen keinen Mehrwert gibt, was den Unterschied zur Realwirtschaft darstellt, in der Mehrwert geschaffen wird.

Blasen zeichnen sich dadurch aus, dass sie praller und praller werden, wie ein Luftballon. Irgendwann kommt ein Anlass, der wie ein Nadelstich wirkt. Das war die Pleite der Bank Lehman Brothers am 15. September 2008. Das Chaos war perfekt. Die Preise fielen in den Keller. Wenn der Luftballon platzt, erschrickt das Kind, ist traurig und weint dem Ballon nach.

Die Zittrigen haben die Rechnung bezahlt. Das sind wie gesagt jene, die zu spät einsteigen. Sie kaufen die Aktien erst, wenn die Kurse sehr weit oben sind, und steigen aus, wenn die Kurse gefallen sind. Manche meinten, sie müssten an der Börsenrallye auch noch teilhaben, als die Kurse weit oben waren. Aber das Ertragsgesetz besagt: Je gesättigter der Markt, umso niedriger ist der Grenznutzen.

Verschärft wurde die Krise durch die Ratingagenturen. Die Banken und die weltweiten Finanzsysteme benötigen Bonitätseinschätzungen. Dafür gibt es nur amerikanisch-britische Agenturen, es gibt weder asiatische noch europäische Institute. Die Agenturen verstehen nur Ziffern, nur Hard Facts, aber alle, die mit Kunden zu tun haben bzw. nahe am Kunden sind, wissen, dass neben den Hard Facts die Soft Facts genauso wichtig sind. Dazu gehört beispielsweise, wie gut das Management ist. Jene, die nur an den Ziffern interessiert sind, wollen kurzfristig maximale Gewinne machen. Sie haben keine langfristige Strategie. Das ist falsch. Sie haben sich von ihren Kunden verabschiedet.

Die Raiffeisenlandesbank Oberösterreich setzt auf Nachhaltigkeit. Wir sorgen uns darum, dass unsere Kunden zufrieden sind und dass wir ihren finanziellen Spielraum halten und erweitern können. Das ist unser oberster Marketinggrundsatz. Wir haben selbst im schwierigen Jahr 2009 einen Liquiditätspolster von drei Milliarden Euro gehalten. Damit wir jenen Kunden, die einen Kredit benötigen und auch vertragen, nicht sagen müssen, wir hätten kein Geld.

Ich bin davon überzeugt, dass der Großteil der österreichischen Manager anders gestrickt ist als viele ihrer ausländischen Kollegen. Sie vergessen die Menschen nicht. Ein positives Beispiel ist Brigitte Ederer von Siemens. Sie geht immer freundlich auf ihre Mitarbeiter und Geschäftspartner zu, denkt über die Parteigrenzen hinweg, wirkt motivierend, und man spürt bei ihr kaum, dass sie negative Erlebnisse zu verkraften hatte.

Die Demokratie braucht verantwortungsbewusste Menschen

Vom Unterschied zwischen Politikern und Unternehmern

Wer ein Unternehmen führt und wer in der Wirtschaft etwas zu sagen hat, muss die Mechanismen der Politik kennen und verstehen. Denn er muss einen Beitrag zur Demokratie leisten. Die Demokratie braucht politisch denkende und verantwortungsbewusste Menschen. Es gibt keine Alternative zur Demokratie. Von Vertretern der Wirtschaft erwarte ich, dass sie mit den Parteien reden können, dass sie die Menschen vereinen und nicht auseinandertreiben.

Eine Demokratie lebt nicht von der Polarisierung, sondern von konstruktiven Kompromissen, die mehrheitsfähig sein müssen. Wenn die Politik polarisiert, geht es wirtschaftlich bergab: Es gibt keine vernünftigen wirtschaftlichen Rahmenbedingungen mehr, öffentliche Gelder werden sinnlos verschleudert, es wird nur mehr Gefälligkeitspolitik gemacht, notwendige Reformen und Korrekturen werden nicht umgesetzt. Negativbeispiele sind die Ukraine, die gespalten ist, oder auch Ungarn. In Budapest musste erst eine Expertenregierung installiert werden, die die Dinge wieder ins Lot gebracht hat.

In einer Demokratie ist es wichtig, die guten Führungskräfte nach oben zu bringen und darauf zu achten, dass sie oben bleiben. Dafür trägt man auch als Wirtschaftstreibender Verantwortung. Denn die Wirtschaft profitiert davon. Unter den reinen Populisten leiden alle.

Es gibt kein Wirtschaftsleben ohne Politik. Wir nützen damit den Spielraum, den die Politik vorgibt, und helfen mit, Wertschöpfung zu generieren, Wohlstand zu sichern und Sozialleistungen zu ermöglichen. Es wäre aber nicht gut, dass die Politik, die für das Setzen der Spielregeln verantwortlich ist, selbst als Spieler, als Akteur auftritt. Denn sie gerät damit in Versuchung, die Spielregeln zu ihren eigenen Gunsten und zu Lasten der anderen Akteure zu ändern.

Es ist bekannt, dass ich Mitglied der ÖVP bin. Ich habe der Volkspartei viel geholfen. Aber alle wissen auch, dass ich mit den Sozialdemokraten gut kann, aber auch mit der FPÖ und den Grünen. Mit all ihren Spitzen habe ich ein friktionsfreies Verhältnis, ich brauche vor niemandem demütig zu buckeln.

Um verschiedene Problematiken lösen zu können, bedarf es einer guten Gesprächsbasis mit den Politikern. Wenn man ihnen machbare, gut ausgearbeitete Lösungsansätze vorlegt, ziehen sie meist mit, wie zum Beispiel der Linzer Bürgermeister Franz Dobusch. Ich versuche mitzudenken und mitzuhelfen, um beispielsweise Mehrheiten im Landtag für die Revitalisierung von Ortszentren zu finden.

Es ist nicht die Aufgabe des Generaldirektors der Raiffeisenlandesbank, die ÖVP-Kandidaten in bestimmte Positionen zu hieven. Das muss der Landeshauptmann machen. Ich darf nur nichts tun, was ihnen schadet. Ich kann es nicht akzeptieren, wenn manche meinen, ich dürfte mit den SPÖ-Spitzen, wie zum Beispiel Bürgermeister Franz Dobusch, keine gemeinsamen Projekte machen, damit er scheitert und die ÖVP profitiert. Was wird von einem Mann in meiner Position erwartet? Ist es wichtiger, einem ÖVP-Mann auf den Thron zu helfen oder dass in Linz viel gestaltet und gebaut wird, damit Wertschöpfung entsteht, damit die Menschen Arbeit haben und das Leben schöner wird?

Im Hintergrund der Politik bin ich vermittelnd tätig. Denn ich bin ein Mann des Konsens. Ich bin ein Brückenbauer. Wenn manche Politiker nicht miteinander reden können, denke ich darüber nach, wie man diese Zerrüttung auflösen kann. Denn es ist wichtig, dass sie zu gemeinsamen Ergebnissen kommen.

Schritt für Schritt gelangt die Gesellschaft zur Erkenntnis, dass wir die Wasserkraft nützen sollen. Österreich importiert bereits Strom um mehr als eine Milliarde Euro. Wir sind zwar gegen die Kernenergie, importieren aber aus Atomkraftwerken erzeugten Strom. Ist das nicht Ironie? Gerade jetzt sollten wir in den Ausbau der Wasserkraft investieren. Hier muss man als Mann der Wirtschaft mitdenken.

Dass die Politik über das Gender-Thema diskutiert, ist ja nett. Aber diese komische Schreibweise mit -in und -innen, die man nicht einmal aussprechen kann, ist ein Unfug. Ich habe das auch auf der Johannes Kepler Universität gesagt: „Hört auf mit dieser Schreibweise!“ Es kann doch nicht das Thema sein, ob man zuerst Mitarbeiter oder Mitarbeiterin sagt. Entscheidend ist, dass man den jungen Frauen bei der Lösung ihrer Probleme hilft. Wir dürfen sie nicht mit der Erziehung der Kinder allein lassen. Wir richten in unserer Bank eine Krabbelstube ein und erlauben den Müttern, ihre Arbeit teilweise auch von zu Hause aus zu erledigen. Das ist politisches Mitdenken. Die ÖVP war hier viel zu lange zu konservativ. Es ist falsch zu propagieren, die Frauen sollten eine gute Ausbildung erhalten, und sie dann an den Herd zurückzudrängen.

Ich erwarte, dass die Wirtschaftsbosse hier mitgehen und mutiger werden. Politiker haben oft Angst, Dinge zu benennen, weil sie um ihre Wiederwahl fürchten. Dann müssen Wirtschaftsbosse, die bewiesen haben, dass sie ihr Unternehmen führen können, solche Themen auf das Tapet bringen und vorbildhaft vorangehen. Ein Beispiel dafür ist der Umgang mit Mitarbeitern, die an „Burn-out“ leiden, oder auch die Frage des schrittweisen Gleitens in die Pension.

Die Politiker haben sich mit der Reduzierung ihrer Gehälter ein Eigentor geschossen. Sie haben gemeint, sie müssten wetteifern im Nach-unten-Lizitieren. Die Gefahr dabei ist, dass gute Leute nicht mehr animiert werden, in die Politik zu gehen.

Der ehemalige ÖVP-Obmann Josef Taus und der ehemalige Vizekanzler Hannes Androsch haben gezeigt, dass Politiker auch in der Wirtschaft erfolgreich sein können. Die Aussagen von Androsch sind für die SPÖ wichtig, denn er sagt ihnen, wann die Partei falsch liegt. Ich nehme auch nicht immer nur Rücksicht auf die ÖVP. Da und dort müssen die Wirtschaftsleute die Partei korrigieren. Wir haben ein ganz starkes Berufspolitikertum bzw. viele Beamte in den Parlamenten. Ein Manager schafft ganz selten den Sprung in die Politik, denn in der Politik gelten andere Gesetzmäßigkeiten als in der Wirtschaft. Die Wirtschaft muss man verstehen, Ziffern und Emotionen sind für ein Unternehmen ausschlaggebend. In der Politik hingegen geht es hauptsächlich um Umfragen und Wahlergebnisse. All die Management-Theorien, die von coolen Typen ausgehen, sind falsch. Was Emotionen anlangt, gibt es keinen Unterschied zwischen der Wirtschaft und der Politik, sie sind sowohl im einen als auch im anderen Bereich unabdingbar. In der Wirtschaft werden sie stimuliert durch den Erfolg, durch die Kalkulierbarkeit den Mitarbeitern gegenüber und durch die Berechenbarkeit in Bezug auf den Kunden. Die Emotionen eines Politikers werden angeregt durch Wahlergebnisse, Parteifreunde und durch das Getragenwerden bei öffentlichen Auftritten. Vielfach sind es die Zuhörer, die einen Politiker aufgrund seiner blendenden Rhetorik motivieren. Manche Politiker lassen sich zu leicht durch die entstandene Stimmung verführen.

Entscheidend ist, dass man nicht alles parteiorientiert verpolitisiert. Es muss ein Konsens möglich sein. Ich wehre mich gegen die Zuordnungen, das ist ein „ÖVPler“, das ein „Roter“. Ich bin gegen die Parteibücher. Die voestalpine, die in ihrer Zeit als verstaatlichter Betrieb jahrelang als Hochburg der SPÖ galt, hat diese Distanzierung geschafft. Das ist eine unglaubliche Leistung, durch die auch das Unternehmen glaubwürdiger geworden ist. Der Betriebsrat steht heute viel stärker hinter dem Unternehmen, auch hinter dem Vorstand. Natürlich gibt es hin und wieder jemanden, der versucht, hier herumzustierln.

Das Aufregendste an der Wirtschaft ist, dass man Dinge schneller umsetzen kann als in der Politik, wo manches sehr lange dauern kann. Man muss in der Politik viel mehr Kompromisse schließen. Umgekehrt besteht bei einem Politiker, der in die Wirtschaft geht, die Gefahr, dass er zu schnell kompromissbereit ist und so die Projekte zu wenig energisch und konsequent vorantreibt. In der Wirtschaft muss man sich viel mehr zutrauen. Wenn man das nicht macht, gibt es zu wenig Innovation, kommt nichts Neues mehr nach. Das heißt gleichzeitig ein Hinterherhinken hinter den Entwicklungen am Markt.

Ein Beispiel für diese rasche Entscheidungs- und Umsetzungsfähigkeit war die Zustimmung unserer Bank, dem Versandhaus Quelle, das sich in Konkursnähe befand, 40 Millionen Euro zu genehmigen, damit es den Mitarbeitern das Weihnachtsgeld auszahlen konnte. Ohne Risiko geht es nicht, in der Politik darf man hingegen nicht so viel Risiko eingehen wie in der Wirtschaft.

Von Management-Schulen halte ich nicht viel
Ein Unternehmen führt man mit Ziffern und Emotionen

Ich lasse mich von den vielen verschiedenen Management-Schulen nicht recht überzeugen, denn ein Unternehmen führt man mit Ziffern und Emotionen. Die Ziffern sagen uns, wo wir stehen, haben wir etwas in der Lade, können wir uns etwas leisten. Die Emotionen sind da, damit sich die Kunden gut aufgehoben fühlen. Der Kunde muss merken, dass wir uns als Bank um ihn kümmern, dass er uns nicht einerlei ist.

Ob wir erfolgreich sind, hängt von der Komplexität dessen ab, was wir vorhaben. Fragen, die hier gestellt werden müssen, lauten: Haben wir einen souveränen Überblick, was am Markt möglich ist, was dort zu welchem Preis unterzubringen ist und was es kostet?

Wenn wir aber ausschließlich so vorgehen würden, könnten wir viele Projekte nicht realisieren, die durchaus machbar wären. Denn das, was kalkulierbar ist, macht schnell jemand. Dann ist meistens der Preis im Keller, und man bringt die Kosten kaum mehr unter. Solche Projekte sind schwierig. Da kann es passieren, dass so etwas überhaupt nicht auf die Beine kommt.

Man kann aber auch Projekte in Angriff nehmen, mit denen andere, die nicht so gut aufgestellt waren, schon Schiffbruch erlitten haben. Sie haben es möglicherweise falsch angepackt oder beim ersten Widerstand schon aufgegeben. Man muss klein beginnen und einmal schauen, ob es funktioniert.

Es ist bei größeren Projekten manchmal vernünftig, nicht alles auf einmal zu machen, sondern in Ausbaustufen vorzugehen. Als wir zum Beispiel bei der Therme Geinberg gesehen haben, dass eine Stufe funktioniert, sind wir zur nächsten übergegangen. Das Risiko bleibt so überschaubar, und das bestehende Geschäft verträgt dann ein zusätzliches Risiko. Das ist ein sicherer und kontinuierlicher Weg.

Außerdem muss man am Markt immer wieder mit Innovation aufwarten, etwas Neues bieten. Man muss attraktiv bleiben. Das Neue kann man auch höher bepreisen, da es andere noch nicht anbieten. Im Laufe der Zeit sehen die Mitbewerber, dass es gut ist, Neues zu schaffen, und werden zur Konkurrenz. Aber inzwischen hat man schon einiges verdient, man hat genug Erfahrung, worauf es ankommt. Das Um und Auf ist ein souveränes Team, das weiß, was die Kunden wünschen.

Der Mitbewerber steht vor dem Problem, dass er den Konkurrenten preislich unterbieten muss. Noch schwieriger wird es für ihn, wenn er nicht die Mitarbeiter mit entsprechender Erfahrung zur Verfügung hat, was oft der Fall ist. Außerdem kann er die Erwartungen der Kundschaft noch nicht einschätzen, doch die Kunden wollen Liefersicherheit haben. In Geinberg haben wir drei Jahre benötigt, um Geld zu verdienen. Heute läuft die Therme ausgezeichnet.

Ein guter Unternehmensführer ist wie ein guter Autofahrer

Weder Vollgas noch ständige Bremsmanöver

Ein guter Unternehmensführer muss sich verhalten wie ein guter Autofahrer. Er schaut nach vorne und fährt nicht in erster Linie mit dem Rückspiegel. Er fährt so schnell, dass er nicht ständig überholt wird. Er fährt aber auch nicht zu schnell, damit er nicht ins Schleudern kommt und sich die Insassen, die Mitarbeiter, nicht fürchten müssen. Er legt keinen Kavalierstart hin, denn der kommt zu teuer, und er kann mit Gas und Bremse umgehen.

Der schlechte Autofahrer gibt Vollgas, wo immer es geht, und steht dann in unsicheren Zeiten zu lange auf der Bremse. Er ist mit seinen Gedanken noch in der Vergangenheit und handelt dementsprechend. Er richtet seinen Blick nicht in die Zukunft, dabei kann er das Geschehene nicht mehr ändern. Ein dynamischer und vorausschauender „Fahrstil" bringt ein Unternehmen sicher und erfolgreich ans Ziel.

Jede Wurzel bedeutet einen Ast

Ohne Wurzelwerk gibt es keine reiche Ernte

Ich war immer ein Gegner jener Strategie, dass sich die Banken auf das „Core Business", auf ihr Kerngeschäft zurückziehen und alle Firmenbeteiligungen abstoßen. Der ehemalige Generaldirektor der Oberbank, Hermann Bell, mit dem ich mich heute noch gut verstehe, hat einmal zu mir gemeint, ich sei mit den Beteiligungen einen ganz anderen Weg gegangen als er. Ich habe ihm geantwortet: „Je mehr Füße man hat, umso sicherer steht man." Wenn einmal ein Bein hinkt, müssen die anderen herhalten. Die Erfahrung zeigt, dass ein Bein immer schwächelt, denn man ist vom Markt abhängig. Jede Wurzel übernimmt einen Teil der Last und bedeutet einen Ast oben in der Baumkrone.

Es ist nicht die intelligenteste Finanzdienstleistung, Kredite zu vergeben, also den Zinsenzähler einzuschalten und zu warten, bis das Geld wieder zurückkommt. Wir haben auf diesem Gebiet etwas Neues entwickelt: das Beteiligungs- und Projektmanagement.

Wir haben Eigenkapital in die Hand genommen und viele Bereiche aufgebaut. Keine Bank in Österreich verfügt beispielsweise über eine derart qualifizierte Immobilienfirma wie wir: Die Real Treuhand umfasst zwölf Gesellschaften mit beschränkter Haftung.

Kleinere und mittelständische Betriebe müssen heute kooperationsfähig sein. Es muss zum Beispiel nicht jeder Tischler alle Maschinen haben. Die EDV-Systeme könnten vernetzt sein. Durch diese Zusammenarbeit können die Betriebe günstiger produzieren.

Es gibt viele Chancen für gute Unternehmer, vor allem Jungunternehmer, die man nicht mit Krediten finanzieren darf, weil sonst am Beginn die Zinsen die Initiativen gefährden. Es ist besser, wir geben ihnen Eigenkapital und partizipieren am Unternehmenserfolg, ohne den Zinsenzähler einzuschalten. Wenn sich das Unternehmen stabilisiert hat, auf neuen Märkten und mit neuen Produkten unterwegs ist, ziehen wir uns aus der Beteiligung zurück und bekommen dann durch den abgeschichteten Unternehmenswert mehr zurück, als wir an Zinsen erhalten hätten.

Durch die Eigenmittel, die wir dem Unternehmen zur Verfügung stellen, können wir Einfluss nehmen, da wir durch die Beteiligung ein Teil des Unternehmens sind. Die Trumpfkarte sind hier wieder gute Mitarbeiter und Führungskräfte, die das Unternehmen nicht einfach laufen lassen, sondern es mit sehr klaren

Planvorgaben und einem entsprechenden Controlling im Griff haben. Dann kommen auch die guten Ergebnisse.

Eine Unternehmensbeteiligung der Raiffeisenlandesbank kann drei Gründe haben.

Erstens: Wir benötigen Tochtergesellschaften, um für bestimmte Geschäfte die notwendige Struktur zur Verfügung zu haben, damit wir sie richtig verstehen. Im Immobilienbereich haben wir die Real Treuhand aufgebaut. Wir können Immobilien nicht finanzieren, wenn wir diesen Bereich nicht beherrschen, wenn wir nicht wie Seismographen feststellen können, wie sich der Markt bewegt.

Ein anderer Bereich sind die Versicherungen. In den verschiedenen Aufsichtsräten muss ich immer wieder feststellen, dass selbst Konzerne falsch versichert sind. Ich fordere die Firmen auf, sich anzusehen, wie viel sie an Versicherungsprämien bezahlt haben und welche Schäden den Prämien gegenüberstehen. Unsere Bank hatte beispielsweise eine Glasbruchversicherung, deren Prämien so hoch waren, dass wir alle fünf Jahre die Bank hätten neu einglasen können. Hier waren wir überversichert, in anderen Bereichen hingegen unterversichert. Wir haben in der Folge einen gewerblichen Versicherer aufgebaut, die Raiffeisen Versicherungsmakler als Tochtergesellschaft. Diese Firma setzen wir auch bei Kunden zu ihrem Vorteil ein. Beim großen Hochwasser im Sommer 2002 beispielsweise waren diese Kunden vernünftig versichert. Ich habe mir damals extra Gummistiefel gekauft und bin selbst am 15. August 2002 zu den Geschädigten rund um Schwertberg (Mühlviertel) gefahren und habe mir ihre Sorgen angehört. Sie haben sich sehr gefreut, weil ich der einzige Banker war, der sich um sie gekümmert hat. Der Wirt hat mir erzählt, er sei zwar gut versichert, befürchte aber, dass die Gäste ausbleiben würden und er keinen Umsatz mehr machen könnte. Dem Fleischhauer, dem die Tränen in den Augen gestanden sind, ist der Öltank im Keller abgerissen, das Öl ist ausgeflossen und hat die Wände so stark beschädigt, dass er dort kein Fleisch mehr lagern konnte. Die Lösung war ein Zubau. Wir haben ihn unterstützt, obwohl wir nicht die Hauptbank waren. Diese Menschen haben weitererzählt, dass wir es waren, die ihnen geholfen haben. Einen besseren Werbeeffekt kann man sich nicht vorstellen.

Durch solche Besuche bin ich über die Details genau informiert und weiß, wie es im wirklichen Leben zugeht und wie es den Menschen dabei geht. Das sind die Soft Facts, die keine andere Bank so versteht wie wir.

Der Schwerpunkt einer anderen Tochtergesellschaft liegt beispielsweise im Leasing. Wenn wir ein größeres Projekt angehen, installieren wir als Investor eine eigene Errichtungsgesellschaft. Ein gutes Beispiel ist das Landesdienstleistungszentrum in Linz. Unsere Bank hat investiert, und das Land Oberösterreich ist jetzt der Betreiber. Es zahlt nun 20 Jahre lang Miete. Kürzlich hat Landeshauptmannstellvertreter Franz Hiesl zu mir gesagt: „Wenn du nicht gewesen wärst, hätten wir dieses Haus nicht.“ Als es in den Verhandlungen hart auf hart ging, habe ich zu ihm gesagt: „Ich muss diese drei Punkte nach Hause bringen.“ Er antwortete darauf: „Gut, ich brauche diese fünf Punkte.“ Wir waren uns schnell einig. Hiesl ist ein ausgezeichneter Politiker, ein Mann vom Schlag des Altlandeshauptmanns Erwin Wenzl. Er weiß, was er will, Widerstände stärken seine Durchsetzungsfähigkeit, und er entscheidet rasch.

Der zweite Grund, Tochtergesellschaften einzurichten, sind Sektoraufgaben. Wir sind zum Beispiel an der Raiffeisen-Zentralbank beteiligt oder auch an der Raiffeisen-Bausparkasse. Bei den Kapitalanlagegesellschaften wie der Centrobank haben wir nicht mitgemacht, denn hier verfügen wir selbst über genügend Volumina. Wir haben die Kepler-Fonds eingerichtet. Wenn es sich um eigene Tochtergesellschaften handelt, kann ich diese stärker fordern als im Falle einer Beteiligung in Wien.

Mit Tochtergesellschaften nehme ich auch regionalspezifische Verantwortung wahr. Das sind die Beteiligungen an der voestalpine, an der Lenzing AG, an der Oberösterreichischen Versicherung, an der Energie AG oder auch an den Hypo-Landesbanken. Die „De-facto-Pleite“ der Kärntner Hypo Alpe Adria ist ein Negativbeispiel. Bei der Privatisierung der Salzburger Hypo sind wir eingesprungen, weil es mit Salzburger Partnern Probleme gab. Heute sind wir froh, dass wir sowohl an der Salzburger als auch an der Hypo Oberösterreich beteiligt sind. Besonders die Hypo Oberösterreich ist für uns wegen der Wohnbaufinanzierungen, die die Landesregierung über die Hypo abwickelt, wichtig. Die Mitbewerber haben gemeint, ich hätte zu viel für den 49-Prozent-Anteil bezahlt. Als ich Generaldirektor der Landesbank geworden bin, war die Sparkasse OÖ eine Spur größer als wir. Heute ist sie nur mehr ein Drittel im Vergleich zu uns. Die Oberbank war damals auch größer als wir, heute stellt sie ungefähr die Hälfte von uns dar.

Die dritte Kategorie von Tochtergesellschaften sind Firmenbeteiligungen, bei denen eine Beteiligung der Bank sinnvoller ist, als den Unternehmen einen Kredit zu geben. Dies trifft, wie schon angesprochen, besonders bei Jungunternehmen zu. Bei Krediten würde sofort der Zinsenzähler zu laufen beginnen, und die Gefahr wäre groß, Jahr für Jahr Einzelwertberichtigungen vornehmen zu müssen. Das wäre eine kurzsichtige Bankpolitik. Es ist sinnvoller, mit Eigenkapital mitzugehen. Diese Lösung hat den Vorteil, dass ich auf die Firma Einfluss nehmen und sie mitsteuern kann. Anfangs verdient man allerdings wenig, man muss sich also die Beteiligung leisten können.

Es ist die Aufgabe der Raiffeisenlandesbank, Chancen zu finanzieren. Wenn das mit Fremdkapital nicht ausreichend möglich ist, müssen wir zu Eigenkapital greifen. In welcher Form auch immer. Als nach der Lebensmittelkette Konsum auch die AMF (Austria Milch und Fleisch) pleitegegangen war, sah ich mich zum Eingreifen gezwungen. Ich habe zwei Teams eingesetzt. Eines, das die Aufgabe hatte, alles zu verwerten und zu verkaufen, was nicht dem ursprünglichen Geschäftsmodell entsprach.

Damit konnten wir eine wesentliche Entschuldung erreichen. Das „Operative Business“ wurde mit einem Team rund um Fritz Seher neu aufgestellt. Das Unternehmen erhielt mit „Vivatis“ einen neuen Namen, weil die alte Marke AMF beschädigt war. Vivatis ist heute ein erfolgreicher Lebensmittelkonzern.

Es ist ein dauerhaftes Ziel, die Kosten zu senken
Ständig an der Kostenschraube drehen

In einem Unternehmen ist es wichtig, einen hohen Cashflow zu erzielen. Wir haben das in der Raiffeisenlandesbank in den 25 Jahren meiner Generaldirektion perfekt gehandhabt. 1985 betrug die Cost-Income-Ratio mehr als drei Viertel. Das heißt, der Fixkostenblock bezogen auf die Erträge machte mehr als 80 Prozent aus. Damit war die Risikotragfähigkeit gleich null. Wenn aber eine Bank über keine Risikotragfähigkeit verfügt, kann sie nichts mehr bewegen. Es war mein großer Ehrgeiz, die Kosten zu senken.

Es hat damals einer eigenen neuen Kultur bedurft. Es war üblich gewesen, dass jede Führungskraft kam und gesagt hat, wie viele zusätzliche Arbeitskräfte sie benötigen würde. Diese Wünsche habe ich kategorisch abgelehnt. Ich habe erklärt, dass wir mit derselben Anzahl von Köpfen mehr leisten müssen, sonst könnten wir niemals die Kosten senken. 1990, fünf Jahre danach, waren wir schon bei einer Cost-Income-Ratio von 70 Prozent. Dann habe ich die 60-Prozent-Marke als Ziel vorgegeben und später noch einmal auf 50 Prozent korrigiert. Heute sind wir bei 42 Prozent.

Die Zinsspanne zwischen Kredit- und Einlagezinsen lag Ende der Achtzigerjahre bei 1,73 Prozent. Heute beträgt sie 0,58 Prozent, das ist ein Drittel des vorangegangenen Wertes. Damit haben wir unsere Wettbewerbsfähigkeit gesteigert. Ich verwende dafür den Begriff des „Kostenstaubsaugers“. Er muss immer eingeschaltet sein. Wenn mich jemand um eine personelle Aufstockung ersucht, fordere ich ihn immer zuerst auf nachzudenken, was seine Mitarbeiter derzeit tun. Und ich verlange von ihm eine Liste jener Mitarbeiter, von denen er sich trennen würde, wenn er zehn Prozent des Personals abbauen müsste. Dadurch kommt ein ganz anderer „Drive“ in das Denken der Führungskräfte. In einem weiteren Schritt haben wir Qualitätszirkel installiert.

Jeder Unternehmer muss ständig versuchen, die Kosten zu reduzieren. Er muss auf den Cashflow achten und bei den Produkten und Dienstleistungen innovativ sein. Er muss am Markt wettbewerbsfähig bleiben. Seine Preise dürfen nicht höher sein als die seiner Mitbewerber. Er muss sich an die Spitze drängen und den Markt bestimmen. Wird er vom Markt getrieben, hat er verspielt.

Wenn ein Unternehmen Kredite aufnimmt und beim Eigenkapital unter 20 Prozent rutscht, ist Vorsicht geboten. Ein guter Produktionsbetrieb sollte beim Eigenkapital über 30 Prozent liegen.

Es kommt wesentlich darauf an, wie man sich finanziert. Gefährlich ist es, das über Lieferanten laufen zu lassen, vor allem bei langen Zahlungszielen. Mitbewerber bringen einen in so einem Fall schnell ins Gerede. Sie sagen, sie hätten gehört, dem und dem würde es nicht so gut gehen. Derartiges Verhalten kommt in manchen Branchen vor.

Eine Sofortzahlung vermeidet nicht nur das Geschwätz, sondern auch unnötige Kosten. Die Skonti, die sich daraus ergeben, sind nicht zu unterschätzen.

Vermeiden wir Kosten, die vermeidbar sind, verstellen wir uns dabei aber nicht den Blick auf das künftig Notwendige, denn zu Tode gespart ist auch gestorben.

Es ist wichtig, dass man seine Mitarbeiter mag
Ich vertraue bei Personalentscheidungen auf mein Gefühl

Bei einem unserer Kundenempfänge wurde ich von einem Unternehmer gefragt, was denn die Raiffeisenlandesbank Oberösterreich von den anderen Banken unterscheide, weshalb sie erfolgreicher als die Mitbewerber sei. Ich sagte ihm: „Komm zu Dienstschluss um 16.30 Uhr und vergleiche das Verhalten meiner Mitarbeiter mit den Angestellten einer anderen Bank. Während die Bank bei unseren Mitbewerbern in Scharen pünktlich um 16.30 Uhr verlassen wird, arbeiten manche bei uns bis 20 Uhr oder noch länger."

Die einen sind freizeitorientiert und arbeiten, um zu leben, bei uns hingegen lebt man, um zu arbeiten. Unsere Mitarbeiter sind aufgabenorientiert. Sie legen oft ein Tempo vor, dem zu folgen wir uns bemühen müssen. Wir gehen mit ihnen mit. Jeder Mitarbeiter weiß aber auch, dass er kommen kann, wenn es ihm nicht so gut geht. Wenn es beispielsweise in der Familie Sorgen mit der Frau oder den Kindern gibt. Wir nehmen darauf Rücksicht, wir sind mit ihm solidarisch, wir lassen ihn nicht allein. Es gibt hier eine Grundsolidarität der Führung gegenüber ihren Mitarbeitern.

In ähnlicher Weise haben sich die Führungsfunktionäre gegenüber dem Vorstand verhalten. Der frühere Präsident Helmut Angermeier hat zu mir des Öfteren gesagt: „Ludwig, nimm das nicht zu schwer, es könnte wesentlich schlimmer aussehen." Dadurch fühlte ich mich stets ermutigt und habe mich getraut. Ab und zu hat er gemeint: „Da müsst ihr ein bisschen aufpassen."

Es ist wichtig, dass man seine Mitarbeiter mag. Wenn sie auf Hilfe angewiesen sind und es in meiner Macht steht, etwas an ihrer Situation zu ändern, helfe ich ihnen. Das ist der Unterschied zu Managern, die nur die Ziffern im Kopf haben und das, was in ihrer Umgebung passiert, völlig aus den Augen verlieren. Die Menschen müssen spüren, dass sie nicht allein sind, wenn es ihnen schlecht geht.

Manche haben dieses Mitgefühl verlernt. Sie haben wahrscheinlich nie die Erfahrung gemacht, dass sich das Leben auch von seiner Schattenseite zeigen kann oder dass sie sparen mussten. Es schadet nicht, die Härten des Lebens kennen zu lernen. Diese Erfahrungen bringen einen weiter, wenn man sich erholt und wieder Energie für Neues aufbringt. Es gibt natürlich auch Manager, die unter den Kürzungen, Personalentscheidungen und Kündigungen der Mitarbeiter leiden und denen das Schicksal der Menschen in ihrem Unternehmen nicht egal ist.

Der Umgang mit Mitarbeitern ist eine Herausforderung. Manche Mitarbeiter entschuldigen sich gern. Warum tun sie das? Sie verfügen über zu wenig Selbstwertgefühl. Wer nicht genügend Selbstbewusstsein hat, sollte auch nicht Führungskraft sein.

Andererseits gibt es Mitarbeiter, die meinen, sie seien ganz außergewöhnlich und müssten Spitzenpositionen bekleiden. Ich habe einem von ihnen große Aufgaben übertragen. Er ist ununterbrochen zu mir gekommen, um meinen Rat einzuholen. Die Schuhe, die ich ihm angelegt hatte, waren ihm zu groß.

Fordern heißt fördern. Wenn Mitarbeiter im Gespräch mit mir meinen, sie wüssten keine Lösung, fordere ich sie dennoch auf, mir eine zu präsentieren. Ich antworte dann: „Wenn Sie keine Lösung finden, dann ist einer von uns beiden zu viel." Unter diesem Druck arbeiten die meisten besonders kreativ, sodass eben doch passable Lösungen gefunden werden. Wenn ich die Mitarbeiter fordere, machen sie einen enormen Sprung in ihrer Entwicklung. Es ist aber Voraussetzung, dass ich selbst dabei mitmache. Denn ich kann nicht von anderen etwas verlangen, was ich selbst zu leisten nicht gewillt bin.

Bei der Personalauswahl vertraue ich meinem Gefühl. Diese Entscheidungen sind meist besser als die Auswahl durch Assessment-Centers. Wer seinem Gefühl vertraut, greift meist nicht daneben. Nur Menschen, die ein Gefühl, ein Gespür haben, können auf diese Art und Weise arbeiten.

Die Raiffeisenlandesbank zahlt nicht überdurchschnittlich. Wenn ein Mitarbeiter nur wegen des Geldes zu uns kommen will, ist es mir lieber, er versucht es woanders. Mitarbeiter, die nur dem Geld nachlaufen, schauen ständig über den Zaun und sind nicht immer loyal. Ich sehe das bei Vorständen von Wiener Banken. Wenn man die Gehälter vergleicht, verdienen sie meistens mehr als wir in Linz, obwohl wir in der Regel meistens härter und intensiver arbeiten müssen.

Manche Mitarbeiter fordern mehr Gehalt, indem sie auf Angebote von konkurrierenden Instituten verweisen. Einmal habe ich darauf so reagiert, dass ich meinem Mitarbeiter zum Angebot gratuliert und seine Kündigung akzeptiert habe. In der Folge hat sich herausgestellt, dass er nur geblufft hat.

Ich habe nicht nur die Mitarbeiter in meinem eigenen Haus gefördert, sondern auch externe Talente. Anfang der Achtzigerjahre hat mich Fritz Fuchs, der damalige Direktor der oberösterreichischen Wirtschaftskammer, angerufen und mir gesagt, er sei auf der Suche nach einem Sekretär für Präsident Rudolf Trauner. Den Anruf erhielt ich gegen 16.30 Uhr, bereits am nächsten Morgen sollte sich der Kandidat um acht Uhr früh bei Trauner vorstellen. Mir war in Erinnerung, dass Reinhold Mitterlehner in der Endphase seines Studiums war. Ich rief am Gendarmerieposten Helfenberg an, da ich wusste, dass Mitterlehners Vater dort Gendarm war. Ich habe ihn gleich erreicht und ihm gesagt: „Ich bräuchte dringend den Reinhold.“ – „Der ist draußen im Ziegelstadel und feiert seine Promotion“, antwortete er und gab mir die Nummer. Als ich anrief und Reinhold verlangte – es gab damals noch keine Handys –, war dort ein Riesenlärm. Das Telefon hing in der Küche. „Reinhold, bist du es?“, fragte ich. „Ja, was gibt es?“, sagte er. „Komm morgen um sieben Uhr früh zu mir ins Büro, zieh dich fesch an und trink heute nicht zu viel. Ich habe etwas Interessantes für dich.“

Ich dachte mir, wenn er nicht kommt, habe ich danebengegriffen, aber wenn er kommt, dann wird es recht.

Pünktlich um sieben Uhr war er in meinem Büro. „Pass auf“, habe ich zu ihm gesagt, „du wirst Sekretär beim Wirtschaftskammerpräsidenten Trauner.“ Ich habe ihm den Trauner noch ein bisschen geschildert und ihm erklärt, dass er ihn reden lassen und ihm Recht geben soll. Um halb acht Uhr hat bereits Direktor Fuchs auf ihn gewartet, und anschließend hat sich Reinhold dem Trauner vorgestellt. Um neun Uhr hat mich Mitterlehner zurückgerufen, dass er den Posten bekommen hat. Das war der Beginn seiner Karriere. Heute ist er Wirtschaftsminister.

Über den Umgang mit Misserfolg
Die Qualität der Mitarbeiter entscheidet, ob ein Projekt gelingt oder scheitert

Wenn man sieht, dass ein Projekt schiefläuft, muss man den Mut haben, den Schaden zu begrenzen. Das war in Rumänien der Fall, wo wir auf großen Flächen Raps angebaut haben, um damit die Biodieselanlage in Enns zu beliefern. Unser Partner bei diesem Projekt hat uns versprochen, er kümmere sich darum, dass genügend Raps zur Verarbeitung zur Verfügung stünde. Er hat seine Zusagen nicht gehalten, sodass wir gezwungen waren, nach neuen Anbauflächen Ausschau zu halten. In Rumänien haben wir sie gefunden. Wir haben aber das kriminelle Potenzial unterschätzt. Aus den Traktoren wurden die Radios gestohlen, aus den Tanks der Diesel abgesaugt, die Maiskolben von den Feldern zum Füttern der Schweine geklaut. Ich habe entschieden, die Reißleine zu ziehen, damit der Schaden nicht noch höher ausfiel.

Aus den Erfahrungen der vielen Projekte habe ich gelernt, dass es immer auf die Qualität der Mitarbeiter ankommt, ob ein Projekt gelingt oder scheitert. Man braucht die richtigen Leute. In Böhmen haben wir beim Aufbau unseres Filialnetzes richtig agiert. Wir haben mit der Direktorin der Handelsakademie Budweis Kontakt aufgenommen und ihr gesagt, wir hätten gern die besten

Absolventen der vergangenen fünf bis zehn Jahre. Voraussetzung seien Englisch- und Deutschkenntnisse. Für ihre Bemühungen haben wir der Schule eine Videoanlage geschenkt. Meine Mitarbeiter haben 60 bis 70 Absolventen persönlich kontaktiert, 25 wurden ausgewählt. Diese wurden ein halbes Jahr lang in der Zentrale in Linz eingeschult, ein halbes Jahr lang bei den verschiedenen Bankstellen in ganz Oberösterreich. Eine Bedingung bestand darin, auch die Wochenenden dort zu verbringen, damit sie die Kultur kennen lernten und wir umgekehrt erfuhren, wie sie sich in ihrer Freizeit verhielten. Diese jungen Leute bilden heute noch unsere Stammmannschaft in Tschechien.

In Rumänien haben wir eine derartige Vorgehensweise versäumt, indem wir das Rapsprojekt zu schnell angegangen sind. Wir hätten die Verantwortlichen zu uns nach Oberösterreich holen und einschulen sollen. So hätten wir sie bei unseren Bauern einsetzen können, damit sie ihr Handwerk ordentlich lernten. Auf diese Weise wäre uns auch nicht entgangen, wie sie arbeiteten und mit den Maschinen und Geräten hantierten. Unser Scheitern war sehr, sehr lehrreich.

Jedem, der nach Osteuropa expandiert, sage ich, das Wichtigste ist die Suche nach einem verlässlichen Partner vor Ort. Ich empfehle, den vorgesehenen Geschäftsführer für ein Jahr nach Österreich zu holen, damit er die hiesige Mentalität und Art des Arbeitens kennen lernen kann. Wenn die Firmenleitung sich mit ihm wohlfühlt, soll sie das Projekt starten. Nicht nach der Goldgräbermethode, sondern langsam, Schritt für Schritt. Die Vorbereitung benötigt Zeit. Wenn man sich die Zeit nicht nimmt, liegen Erfolg und Misserfolg ganz nahe beisammen. Das Risiko ist hoch, man muss sich ab und zu zurücknehmen, die Ungeduld darf sich nicht die Bahn brechen.

Wenn in der mittleren Ebene nicht die richtigen Mitarbeiter eingesetzt werden, besteht die Gefahr, dass diese wiederum das falsche Personal engagieren. Die Folgen aus solchen fahrlässigen Entscheidungen sind fehlende Motivation und ein Mangel an Freundlichkeit und Sympathie.

Über das Verhalten in Aufsichtsräten
Nach außen schweigen, nach innen scharf diskutieren

Da ich in einigen Aufsichtsräten vertreten bin, habe ich das schon erlebt. Ich war manchmal entsetzt, wie lange herumgeredet wurde, des Öfteren gab es kein entsprechendes Reporting. Ziffern musste man sich mühsam zusammentragen. Bei manchen Wortmeldungen hatte ich den Eindruck, diejenigen, die sie tätigen, wollen schlicht und einfach im Protokoll mit aufscheinen. Mehrmals habe ich ersucht, ob nicht doch der eine oder andere ausscheiden könnte im Aufsichtsrat, aber auch im Vorstand, damit wir zu einer gedeihlichen, konstruktiven Arbeit kommen und ein souveränes Reporting aufstellen können.

Bei einer Aufsichtsratssitzung durfte ich den Vorsitzenden vertreten. Und nachdem ich die Sitzung sehr straff geführt habe, unnötige Diskussionen nicht aufkommen ließ, waren wir relativ schnell fertig. Ich wurde gefragt, warum dieses Mal die Sitzung nicht länger gedauert habe. Ich antwortete: „Weil ich unnötiges Herumdiskutieren nicht zulasse." Ich habe damals gemeint, politisieren könnt ihr woanders, aber nicht hier im Unternehmen. Außerdem habe ich die Anwesenden an ihre Pflicht zur Geheimhaltung und Diskretion erinnert. Denn wie soll ein Vorstand, der im intensiven Wettbewerb steht und ständig von der Konkurrenz belauert wird, im Detail berichten, wenn das Besprochene sofort an die Öffentlichkeit gelangt. Nach außen muss geschwiegen werden, in den Sitzungen hingegen muss konsequent der Sache und dem Unternehmen dienend diskutiert werden.

Wenn ich als Aufsichtsrat merke, dass ein Vorstandsmitglied in gewissen Punkten mauert, kann ich ganz hart werden. Früher habe ich die betreffende Person zur Rede gestellt, heute mache ich das anders. Ich hole sie mir nach der Sitzung oder lasse mir einen Termin geben und warne: „Pass auf, so möchte ich das nicht mehr haben. Entweder du berichtest das nächste Mal ordentlich, oder ich werde dein Verhalten zum Thema machen."

Manche Aufsichtsrats- und Vorstandsmitglieder vertragen das offene Wort bei Sitzungen nicht. Man muss vermeiden, dass sie ihr Gesicht verlieren. Das gelingt mir nicht immer, denn manchmal geht auch mir das Temperament durch. Ich bedaure, dass mir da und dort wegen meiner vielen Termine die Zeit für mehr Vier-Augen-Gespräche fehlt. Diese sind aber sehr wichtig, denn auf diese Weise kann man die Dinge wirklich ausreden, ohne jemanden bloßzustellen.

Einen wesentlichen Beitrag zur Neustrukturierung der Verstaatlichten Industrie konnte ich als Aufsichtsrat der ÖIAG leisten. Die Geschichte begann damit, dass ich meinen Kollegen aus der Schulzeit in Wieselburg Fritz Sulzbacher traf. Er war Betriebsrat in der Voest und beklagte sich bitter über die Praxis, wonach der gut gehenden Voest in Linz die Lasten der defizitären Staatsbetriebe aufgehalst würden. Wir haben heftig darüber diskutiert, und am Ende meinte er, wir sollten uns mit unseren Voest-Spitzengewerkschaftern Erhard Koppler und Helmut Oberchristl zusammensetzen. Das haben wir gemacht, und ich habe meine Ideen zu einer möglichen Neustrukturierung dargelegt. Daraufhin haben sie Minister Viktor Klima, der für die ÖIAG zuständig war, geraten, mich in den Aufsichtsrat zu nehmen. Sie meinten, ich verstünde nicht nur etwas von der Wirtschaft, sondern sei auch in der Lage, mit den Betriebsräten vernünftig zu reden. Als Klima mich fragte, ob ich bereit wäre, habe ich meinerseits die Frage gestellt, welche Erwartungen er an mich stelle. Klima antwortete, er nehme mich nicht als Parteimenschen herein, denn er wisse ja, dass ich der ÖVP angehöre, sondern er wolle, dass ich mein Fachwissen einbringe. Also kam ich am 30. März 1993 in den Aufsichtsrat der ÖIAG.

Ich habe diese Aufgabe sehr ernst genommen. Als ich mir die Bilanzen angesehen habe, bemerkte ich, dass vier Milliarden Schilling fehlten. Vor allem wegen der AMAG in Ranshofen. Aber weder die ÖIAG-Granden noch der zuständige Minister waren davon sonderlich beeindruckt. Auf die fehlenden Milliarden angesprochen, meinte Finanzvorstand Erich Becker: „Da können Sie schon Recht haben." ÖIAG-Aufsichtsratspräsident Staribacher erklärte mir, ich solle mir keine Sorgen machen, das würde man schon hinkriegen. Ich aber sagte ihm: „Herr Präsident, ich wurde in den Aufsichtsrat entsandt, um mein Fachwissen einzubringen. Deshalb ist es das Mindeste, dass ich in der nächsten Aufsichtsratssitzung die fehlenden Milliarden protokollieren lasse."

Eine Woche vor der nächsten Sitzung wurde ich gebeten, eine Stunde früher in der Kantgasse in Wien zu sein. Als ich hinkam, sah ich Minister Klima schon am Gang auf und ab gehen. „Was haben S' denn für Sorgen?", fragte er mich nach der Begrüßung. „Es fehlen vier Milliarden", sagte ich. Darauf antwortete der Minister, er habe mit seiner Fraktion kein Problem, wohl aber mit der ÖVP. „Reden S' doch mit Ihren Leuten, dass sie der Defizitabdeckung zustimmen." Ich sagte: „Dazu brauche ich als einfaches Aufsichtsratsmitglied aber einen Auftrag." Darauf der Minister: „Den gebe ich Ihnen hiermit."

Anfänglich war es schwer, denn in der ÖVP wurde argumentiert, „wir werden den ‚Roten' doch nicht aus ihrem Schlamassel heraushelfen". Landeshauptmann Josef Ratzenböck und sein Wirtschaftslandesrat Christoph Leitl haben aber schnell begriffen, wie wichtig die Defizitabdeckung für den Bestand der Voest und damit die Sicherung Tausender Arbeitsplätze ist. Also bin ich zu Vizekanzler Erhard Busek, Wolfgang Schüssel und Johannes Ditz nach Wien gefahren. Dort war es nicht ganz leicht, denn mittlerweile waren aus den vier Milliarden sieben Milliarden Defizit geworden. Ich habe argumentiert, dass sie einer Defizitabdeckung dann zustimmen sollten, wenn es zu einer Strukturänderung der Verstaatlichten komme. Die Austrian Industries (AI) sollte in die ÖIAG fusioniert werden, und die operativen Betriebe sollten selbstständige Aktiengesellschaften werden. Der Rest sollte noch einmal in der alten AI zusammengefasst und dann langsam privatisiert werden. Und so entstanden in der Folge die heutigen Strukturen wie beispielsweise die OMV, die voestalpine Stahl, die VA tech oder Böhler Uddeholm. Die ÖVP stimmte der Defizitabdeckung zu, die Verstaatlichte wurde neu strukturiert und privatisiert. Mein ÖIAG-Aufsichtsratsmandat habe ich am 18. Jänner 1994 zurückgelegt, und ich kam in den Aufsichtsrat der voestalpine Stahl. 1994 wurde Peter Strahammer, mit dem mich nicht nur eine enge berufliche Zusammenarbeit, sondern auch persönliche Freundschaft verbunden hatte, zum Vorstandsvorsitzenden der voestalpine Stahl AG bestellt. Unter seiner erfolgreichen Führung wurde das Unternehmen ausgebaut und neu ausgerichtet.

Oberstes Marketingziel ist die Kundenorientierung
Instinkt und Intuition können nicht ersetzt werden

Marketing ist für mich nichts Statisches, sondern ein Prozess, das Unternehmen auf den Markt auszurichten. Um ein konsequentes Marketing betreiben zu können, muss es eine klar definierte Zielpyramide geben. Es bedarf eines obersten Marketingprinzips und untergeordneter Subziele. Klare Strukturen sind notwendig, um einen Marketingprozess sauber und erkennbar für alle, die mitmachen müssen, führen zu können. Unser obersten Marketingziel ist die Kundenorientierung. Wir wollen unseren Kunden helfen, ihre finanziellen Spielräume zu erweitern. Reines Investmentbanking mit stark überzogenen spekulativen Wertzuwächsen ist nicht unsere Sache.

Ich bin mit dem Marketing in der Bank aufgewachsen. Schon 1974 habe ich begonnen, die so genannten Betriebsvergleiche – heute würde man sagen „Benchmarks" – für die Raiffeisenbanken zu errichten, zu organisieren und Stärken und Schwächen zu analysieren. Dieses Benchmarking gilt heute noch. Es ist und bleibt das Ziel der oberösterreichischen Raiffeisenbanken, sich am besten Drittel zu orientieren. Das bedeutet für die schwächeren zwei Drittel, dass das erste Drittel als Ziel anzustreben ist. Bei jeder Sportveranstaltung ist man sich dessen bewusst, wie schnell man sein muss, um vorne dabei sein zu können. Bei jedem Wettkampf weiß man aber auch, dass es ganz klare Spielregeln geben muss. Das Marketing setzt die Spielregeln fest, wie am Markt aufzutreten ist, wie man sich am Markt zu präsentieren hat.

Wenn daher nicht im Sinne von Max Weber vorgegeben wird, wo es hingehen soll, dann ist Erfolg nicht messbar. Die Richtung, wie man sich verbessern kann, ist nicht ersichtlich. Ich verwende gerne das Beispiel vom guten und vom schwachen Schützen. Der gute Schütze zeichnet den Kreis, schießt und weiß in der Folge, wie gut oder wie schlecht er ist. Der schlechte Schütze schießt, zeichnet den Kreis herum und meint, dass er sich freuen kann, ins Schwarze getroffen zu haben.

Erfolg muss messbar erkennbar und erlebbar sein, dann wirkt Erfolg motivierend. Ich wurde schon sehr oft gefragt, wer mich motiviert, wer mir die Arbeit anschafft, wer mir sagt, wo es hingeht. Meine Antwort darauf ist immer sehr einfach und klar: „Der Erfolg motiviert mich. Ich habe eine klare Erfolgsstruktur, ich kann kampagnisieren, ich kenne die Marketinginstrumente, weiß, wie gute Marketingleute sein müssen, und kann daher genau beurteilen, ob wir gut, schnell und zielsicher unterwegs sind."

Sich im Marketing nur von Umfragen leiten zu lassen, ist gefährlich. Der Instinkt, das Intuitive, das von Menschen zu Erfahrende, indem man offen auf sie zugeht, kann nicht ersetzt werden.

Ich habe die Rhetorik des verstorbenen bayerischen Ministerpräsidenten Franz Josef Strauß bewundert. Ich konnte zwar seine Aussagen nicht immer voll und ganz nachvollziehen, doch seine Redekunst, die Kunst, Bilder verbal zu malen und Grundsätzliches, Nachhaltiges, verkleidet in Sagern, zu transportieren, habe ich an ihm sehr geschätzt. So sagte er in einer seiner Reden zum politischen Aschermittwoch in der Nibelungenhalle in Passau: „Sozialisten haben ein Talent, das Geld, das andere erwirtschaftet haben, auszugeben und meinen dabei, sehr sozial zu sein, ohne zu wissen, dass sie damit die nachkommende Generation belasten."

Ein weiteres Bild, das er des Öfteren verwendet hat, war: „Im Krieg an der Front waren die gegnerischen Schützen nicht so gefährlich, denn auf die war man eingestellt. Man hat sie gekannt und gewusst, was man zu tun hat. Gefährlich waren die Schüsse von hinten, die eigenen Heckenschützen. Mit diesen Schüssen konnte man nicht rechnen. In der Regel hat man nicht gewusst, wo sie herkommen. Diese Schützen waren feig, sie haben genau gewusst, wohin sie zielen müssen."

Dieses verbale Bild muss man beim Führen eines Unternehmens genau vor Augen haben. Man sollte Indiskretionen, Informationslöchern oder gar Verleumdungen nachgehen. In der Regel ist es aber sehr schwer, die Quellen zu orten. Wenn derartige Vorkommnisse um sich greifen, sollte man als Führungspersönlichkeit viele Vier-Augen-Gespräche führen. Man darf keine Vermutungen oder Verdächtigungen aussprechen, sondern muss face to face mit wohlgesinnten und wohlmeinenden Mitarbeiterinnen und Mitarbeitern reden, damit diese beginnen, eine positive Welle der Entrüstung gegen die Indiskretionen, Informationslöcher und Verleumdungen auszulösen.

Ganz gut kommt auch so mancher Witz an, der in einer spezifischen Situation entkrampfend wirkt. Durch das Auslösen von Lachen baut man so eventuell vorhandene Spannungen ab. Zum Beispiel meint einer: „Ich habe ein ganz reines Gewissen." Da antwortet der andere: „Klar, weil du es nie benützt!"

Menschen, die immer nur das Negative sehen und kaum etwas Positives erkennen, habe ich einmal als „Sprachgenies" bezeichnet: Sie sind enorm sprachbegabt. Sie beherrschen die Sprache des Jammerns, des Schimpfens, des Raunzens, des Suderns ...

In der Marketingarbeit nehmen die Medien einen besonderen Platz ein. Medien sind, übertrieben formuliert, wie ein optischer Spiegel, der kleine Blasen enorm vergrößert. Sie sind ein Spiegelbild unserer Gesellschaft. Journalisten polieren mehr oder weniger regelmäßig, mit unterschiedlicher Gründlichkeit, mit tief greifender oder oberflächlicher Sorgfältigkeit diesen Spiegel. Werden im Gesicht eines Unternehmens kleine Pickel oder Blasen sichtbar, gibt es drei Möglichkeiten der Reaktion:

Erstens: Die Pickel mit Puder abdecken. Diese Methode hält nur kurze Zeit an, denn die Pickel werden mit der Zeit wieder sichtbar.

Zweitens: Die Pickel medizinisch kurieren lassen, um rasch wieder ein makelloses Gesicht zu haben. Die ehrlichste und sinnvollste Art wäre, auch zu ergründen, woher diese Pickel kommen. Was ist die Ursache für die Verunreinigung des Gesichts?

Drittens: So in den Spiegel der Gesellschaft schauen, dass die Pickel zwar erkennbar sind, aber die Verunstaltung des Gesichts durch die Widerspiegelung möglichst in Grenzen gehalten wird.

Es war immer mein Credo, dass wir uns den Medien als Reflexion der Gesellschaft zu stellen haben. Und zwar so, dass sie das Gefühl haben, wir sind keine „G'schicht'n-Erzähler", die immer nur den schönsten Teil des Gesichts zeigen und viel Make-up für den anderen Teil verwenden. Gute Journalisten – die gibt es immer noch – finden auch jenen Teil, der mit viel Make-up verdeckt wurde.

Das Verhältnis zu den Medien basiert im Wesentlichen auf Vertrauen. Es muss möglich sein, Journalisten „off record" Dinge als Background oder zur Orientierung erzählen zu können, damit sie umfassend informiert sind. Wird dieses Vertrauensverhältnis missbraucht, was mir auch schon einmal passiert ist, dann muss man auf Distanz gehen und viele bilaterale Journalistenkontakte suchen und pflegen. Medienarbeit ist eine wichtige, zeitraubende, aber lohnende Aufgabe. Beide, der Informant und der Journalist, sind auf eine offene, ehrliche Kommunikation angewiesen. Medienarbeit ist Profiarbeit, garniert mit emotionaler Vertraulichkeit und Vertrautheit.

Standort Österreich

Österreich muss sich auf die Erfordernisse der Globalisierung noch ein- und umstellen

Rauchende Köpfe statt rauchende Schlote

Globalisierung bedeutet Öffnung. Sowohl Öffnung von Grenzen als auch Erweiterung des Denkens. Es bedeutet Wertewandel und Paradigmenwechsel. Bis vor Kurzem waren die USA weltweit die Wirtschaftskraft schlechthin. Sie sind aber in Schwierigkeiten geraten, weil sie mit dem grenzenlosen Markt nicht fertig werden. Sie landen genauso in einem Dilemma wie die Länder mit kommunistisch-kollektiver Wirtschaftsweise. Wenn man die Verantwortung dem Markt überträgt und der Mensch hier nicht mehr korrigierend eingreift, dann wirkt er wie ein grenzenloses Naturgesetz. In der Natur – das kann ich als Jäger immer wieder beobachten – herrscht immer der Stärkere über den Schwächeren. Die Amerikaner denken genauso. Wenn der Mensch hier nicht eingreift, kommt der Schwächere zu kurz. Das kollektivistische Denken meint, dass der einzelne Mensch nicht fähig ist, allein zu überleben, sondern die Gesamtheit als Basis fungiert, das Kollektiv also das Individuum mittragen muss.

Zwischen diesen beiden Extremen von reinem Markt und Kollektivismus muss man einen Mittelweg finden. Der Mensch ist dazu verpflichtet, für sein Handeln Verantwortung zu tragen. Um diese Aufgabe wahrnehmen zu können, muss er sich verankert wissen. Er muss beheimatet, also irgendwo verwurzelt sein. Die Weiten des grenzenlosen Marktes benötigen ein Widerlager: die Heimat. Sie bedeutet die Sicherheit in der kleinen Gesellschaft, das Wohlfühlen in der Gemeinschaft. Es geht hier um die Identität des

Menschen, um die Tradition, das Geschichtsbewusstsein. Das darf man aber nicht mit Nationalismus verwechseln. Er ist gefährlich, denn er kann zum Totalitarismus führen, wodurch die Toleranz zwischen den Menschen verloren geht.

Man muss auf Menschen schauen, die leistungsfähig und -willig sind. Das sind die Motoren. Indem sie ihre Originalität und kreativen Ideen einbringen, stellen sie den Motor eines Unternehmens oder einer Gesellschaft dar. Sie setzen und halten sie in Gang und generieren Wertschöpfung. Jenen, die zwar leistungswillig sind, aber wegen Krankheit, Gebrechen oder ihres Alters nicht mehr können, muss man im Sinne der sozialen Verantwortung helfen. Vorsicht ist bei jenen geboten, die leistungsfähig, aber nicht leistungswillig sind.

Österreich hat einen hohen Standard an Wohlstand und sozialer Absicherung erreicht. Es kann nie ein Billiglohnland werden, weil es sonst seinen Wohlstand nicht halten könnte. Es muss ein Hochlohnland bleiben. Das birgt die Gefahr, dass so manche Tätigkeiten dorthin abwandern, wo die Löhne wesentlich niedriger sind, da dort zu niedrigeren Kosten und Preisen produziert werden kann.

Was bedeutet das für uns? Wir müssen die Kreativsten sein, wir müssen die qualitativ hochstehendsten Technologien und Produkte entwickeln. Wir haben einen hohen Forschungsbedarf. Wir müssen noch mehr in die Forschung investieren. Das setzt voraus, dass wir auch die qualifizierten Forscher haben. Die Menschen müssen sich in Richtung Qualität und Kreativität weiterentwickeln. Lebenslanges Lernen ist eine Konsequenz. Wer lebenslang lernt, soll auch länger arbeiten.

Es ist Utopie zu glauben, überall auf der Welt soll es das gleiche Lohnniveau geben. Das würde uns dorthin führen, wo der Kollektivismus gescheitert ist, weil er leistungsfeindlich ist. Mit diesem Gesellschaftskonzept ist es nur eine logische Folge, dass Leistungsträger abhandenkommen. Bei aller Wertschätzung jenen gegenüber, die Leistung erbringen, ist es wichtig, nicht eitel, gierig und maßlos zu werden, wenn es ums Geld geht. Wer exzessive Boni fordert, dem fehlt es an Verantwortung, die manchen Wirtschaftsführern völlig abhandengekommen ist. Das ist verwerfliches Verhalten.

Die Grenzen sollen offen bleiben. Es soll auch eine gewisse Wanderungsbewegung stattfinden, doch prinzipiell sollte der Arbeitsplatz wandern und nicht die Menschen. Die Leute sollen nicht zum Ortswechsel gezwungen werden, denn das Wandern sollte den Waren und Dienstleistungen vorbehalten sein. Außerdem sollte es Anreize geben, auf die Qualität dieser Produkte zu setzen. Es ist zum Beispiel ein Unfug im Agrarbereich, aus Österreich mehr als 600.000 Tonnen Milch als Rohmilch zu exportieren, vor allem nach Italien. Pro Kilogramm erhalten wir dafür 31 Cent. Für regalreif veredelte Produkte bekommt man das Dreifache. Das bedeutet, möglichst auf Qualität zu setzen. Mithilfe entsprechender Technik und hoher Arbeitsproduktivität kann man höhere Löhne bezahlen.

Wir achten zu sehr auf die Arbeitslosenzahlen. Wir sollten vielmehr die Erwerbstätigen sehen. Die österreichische Bevölkerung ist seit 1975 um 12 Prozent gewachsen, die Zahl der Erwerbstätigen – selbstständig oder unselbstständig – um 40 Prozent. Viele fokussieren zu sehr das Negative. Das ist falsch. Es ist ein generelles Problem unserer Gesellschaft, dass wir uns zu stark auf das Negative konzentrieren. Das Positive, das der Mensch so dringend braucht, kommt fast immer zu kurz. Eine positive Konjunktur ist die Folge einer positiven Stimmung. Manche werden von der negativen Berichterstattung richtiggehend psychisch krank. Sie sind nicht in der Lage, ihr Leben positiv zu gestalten, geschweige denn Arbeit zu finden. Es wird Angst verbreitet, wodurch eine Negativspirale in Bewegung gerät, aus der man nur mit großer Anstrengung wieder herauskommt. Wir haben in Österreich hervorragende Arbeitskräfte und eine grundsätzlich gesunde Mentalität. Es wird aber trotzdem noch zu viel geraunzt. Wir benötigen ein stärkeres Selbstbewusstsein, das wir durch das richtige Ausbildungssystem unserer Jugend vermitteln können, um so ihre Begeisterungsfähigkeit zu wecken. Wenn junge Menschen lernen, fleißig sind und Acht geben, dass die Psyche und die Emotion nicht zu kurz kommen, sind sie auf dem richtigen Weg und erlangen dadurch Ansehen. Sie können gut verdienen und werden in der Gesellschaft geachtet. Eitelkeiten und Gier sollten aber auch hier keinen Platz finden, denn so verbaut man sich auf längere Sicht die eigene Entwicklung und somit die eigene Zukunft.

Ein gutes Beispiel für die Globalisierung ist der Verkauf des Innviertler Flugzeugteileherstellers FACC an die chinesische Xi'an Aircraft Industries. Österreich hat wegen seiner Kleinheit keine Flugzeugindustrie. Die FACC ist auf den globalen Markt angewiesen. Der chinesische Flugzeugmarkt wächst hingegen jährlich um 15 Prozent und mehr. Für die Herstellung neuer Flugzeuge und Flugzeugteile ist ein enormes Ingenieurswissen notwendig. Diese entscheidende Fachkompetenz haben die Mitarbeiter an den Standorten im Innviertel. Wenn die Prototypen fertig entwickelt sind, gehen sie nach China, wo sie in Serie produziert werden. Die chinesischen Mitarbeiter werden von ihren Innviertler Kollegen eingeschult, damit die Produktion reibungslos abläuft. Die Produktion auf Dauer in Ried zu halten, wäre aus Kostengründen nicht möglich gewesen. Denn der damals ständig schwächer werdende Dollar hat uns als ehemalige Miteigentümer finanziell sehr belastet. Wir hatten ein Kosten- und ein Währungsproblem. 90 Prozent des Umsatzes waren in Dollar zu fakturieren, weil die gesamte Flugzeugindustrie in Dollar abgerechnet wurde. Wenn der Dollar um einen Cent gefallen ist, hat uns das in Ried eine Million an operativem Ergebnis gekostet.

Die Internationalisierung wird im Innviertel mehr qualifizierte Arbeitsplätze schaffen, als das bisher der Fall war. Die rauchenden Köpfe bleiben erhalten, sie werden sogar noch mehr. Die Österreicher machen das Qualitätscontrolling und die Entwicklung. Dazu haben sich die neuen chinesischen Eigentümer nicht nur verpflichtet, sie haben uns auch noch gebeten, ihnen bei der Suche nach Ingenieuren behilflich zu sein. Sie brauchen die österreichische Entwicklung, das österreichische Know-how, die österreichische Technologie. Das schaffen die Chinesen nicht allein.

Ein anderes Beispiel für erfolgreiche Globalisierung ist die voestalpine Linz. Sie bewegt sich im 500-Kilometer-Radius. Bei der Produktion von Eisenbahnschienen und Weichen sind sie Weltmarktführer. Auch wenn sie einen chinesischen Joint-Venture-Partner haben, geben sie diesen wertvollen Wissensvorsprung nicht auf.

Auf diese neue Situation durch die Globalisierung müssen wir Österreicher uns noch einstellen und uns darin zurechtfinden. Diese Tatsache muss sich in den Köpfen der Österreicher noch festsetzen. Wir können nicht für offene Grenzen eintreten und gleichzeitig einen Standortegoismus hochhalten, der nicht mehr realistisch ist. Produziert wird dort, wo es am günstigsten ist. Die Entwicklung aber findet dort statt, wo sich die Forscher und die rauchenden Köpfe sammeln. Diese wertvollen Wissensvereinigungen kann und soll man nicht verlagern.

Es bleibt uns nichts anderes übrig, als am Prozess der weltweiten Globalisierung zu partizipieren. Nicht zuletzt deshalb, weil in Osteuropa und in den Schwellenländern die Standards steigen. Wenn wir unsere Maßstäbe halten wollen, müssen wir an den dortigen Aufwärtsentwicklungen teilhaben. Die Gefahr, dass wir den Entwicklungen nicht mehr folgen können, besteht dann, wenn unser Ausbildungssystem auf dem Niveau bleibt, auf dem es sich derzeit befindet. An den Universitäten muss sich eine stärkere Leistungsbereitschaft einstellen, ähnlich jener an den Fachhochschulen. Wer an die Fachhochschule will, muss sich durch Aufnahmetests qualifizieren. Es ist keine Lösung, dass jene, die daran scheitern, an die Universität wechseln, weil es dort keine Limits gibt. An den Universitäten fehlt vielfach der Leistungsdruck.

Die Schulden der öffentlichen Hand
Wir werden länger arbeiten müssen

Zum Abbau der Budgetschulden des Bundes sind Reformen notwendig. Da die Menschen heute wesentlich gesünder sind und länger leben, sollte das Pensionsalter hinaufgesetzt werden. Die Tendenz, dass wir länger arbeiten müssen, steigt. Ich plädiere hier für flexible Lösungen. Jene, die nicht mehr arbeiten können, bzw. jene, die nicht mehr wollen, sollten das aktive Arbeitsleben beenden können. Es hat keinen Sinn, solche Menschen gegen ihren Willen zu beschäftigen.

Die öffentliche Hand sollte neue Anreizsysteme schaffen. Wer früher in Pension gehen will, sollte dies tun können. Er wird aber Abschläge in der Pensionshöhe erleiden. Jene, die dagegen länger arbeiten wollen, sollten mit einer höheren Pension belohnt werden. Sie werden keine Wohlstandsverluste erleiden.

Jene, die gezwungen werden, kürzer zu treten, werden dies bei ihrer Einrichtung, bei ihrer Kleidung und bei ihren Urlauben tun. Für Nahrungsmittel geben die Menschen durchschnittlich nur mehr elf bis zwölf Prozent ihres Einkommens aus. Da kann man nicht mehr viel einsparen.

Unsere Wohlstandsgesellschaft wird die für die Reformen nötige Kraft haben. Es bedarf dazu glaubwürdiger und charismatischer Köpfe an der Spitze der Parteien und des Staates. So haben die Populisten geringe Chancen, und die Reformen können Schritt für Schritt umgesetzt werden. Falls diese Herangehensweise scheitern sollte, was ich in Österreich bei der Kompromissbereitschaft der beiden staatstragenden Parteien nicht annehme, wäre eine Expertenregierung ein Ausweg. Ich hoffe nur, dass es die derzeitige Regierung nicht übertreibt und in den alten überzogenen Populismus zurückfällt.

Österreich ist kein Billiglohnland

Die Zukunft liegt im Export qualitätsvoller regalreifer Produkte

Österreichs Zukunft kann nur darin liegen, qualitätsvolle und regalreife Produkte zu exportieren. Durch intensive Zusammenarbeit und nicht durch Polarisierung zwischen Bauern als Rohstofflieferanten, Verarbeitern und Vermarktern müssen regalreife Produkte in erstklassiger Qualität unter dem Titel „The Best of Austria" exportiert werden. Wir müssen aufgrund der offenen Grenzen noch viel stärker in die Exportförderung gehen. Wenn wir nur ein Prozent dessen, was in Osteuropa aus den Regalen entnommen wird, durch österreichische Produkte ersetzen könnten, dann würde das allein rund drei Milliarden Euro pro Jahr an zusätzlichen Agrarexporten bedeuten.

Es muss gelingen, die osteuropäischen Märkte für Westeuropa offen zu halten, indem osteuropäische Währungen im engen Währungskorridor zum Euro gehalten werden, damit uns diese Märkte nicht abhandenkommen. Das ist auch ein wichtiger Beitrag für Agrarexporte.

Die CO_2-Bilanz aus bäuerlicher Sicht zeigt, wie wichtig es ist, viel zu produzieren. Denn je mehr produziert wird, umso mehr CO_2 wird über die Assimilation gebunden. Wir werden daher noch viel mehr über vielfältige Verfahren, die Energie aus der Pflanze generieren, nachdenken müssen. Das wäre nicht nur ein gewaltiger Beitrag für die Bauern als Rohstofflieferanten, sondern auch eine Mengenentlastung für herkömmliche Agrarprodukte und eine gewaltige Entlastung der Handelsbilanzen, da wir dadurch weniger Gas und Öl importieren müssten. Wenn wir beispielsweise Diesel aus Raps produzieren, müssen wir weniger Öl für Diesel einführen. Wenn wir agrarische Rohstoffe in Biogas umwandeln, brauchen wir weniger Gas.

Das Erhalten unserer schönen Kulturlandschaft werden die Bauern nie zum Nulltarif machen können. Hierfür müssen sie abgestuft nach Größenordnung und nach Produktionserschwernissen auch künftig Ausgleichszahlungen erhalten.

Eine funktionierende bäuerlich strukturierte Landwirtschaft ist und bleibt ein Garant für eine funktionierende ländliche Struktur. Die bäuerliche Bewirtschaftung unserer schönen Heimat ist mit der Gesundheit eines Menschen und mit der Sicherheit eines Landes vergleichbar. Solange man sie hat, wird sie zu wenig geschätzt. Geht sie jedoch einmal verloren, bekommt man sie nicht so leicht wieder zurück.

Die Bio-Landwirtschaft sollte man nicht übertreiben, denn die Bio-Schiene wird nur zum Teil erfolgreich sein. Die Konsumenten sagen bei den Befragungen zwar zu 80 Prozent Ja zu den teureren Bio-Produkten, aber beim tatsächlichen Kauf ist es genau umgekehrt. Die Konsumenten greifen dann eher zu den billigeren Produkten, was Warenkorb-Untersuchungen belegen. Das ist die bereits erwähnte kognitive Dissonanz der Verbraucher. Sie wissen schon: „Der Geist ist willig, aber das Fleisch ist schwach."

Regionalpatriotismus in Oberösterreich
Offenheit und Zusammenarbeit

Die Oberösterreicher sind ein sehr fleißiges Volk, sie leisten viel. Das zeigen die volkswirtschaftlichen Werte. Oberösterreich stellt beispielsweise 27 Prozent des österreichweiten Exports, und es hat Spitzenwerte bei der Beschäftigung. Meine Landsleute sind sparsamer als manch andere. Es gibt eine gut ausgeprägte Industrie, denn es haben sich hier etliche niedergelassen, die nach dem Zweiten Weltkrieg aus Böhmen vertrieben worden sind. Es ist kein Zufall, dass sie in dieses Bundesland gekommen sind, denn die Oberösterreicher sind offene Menschen. Viele internationale Hotelmanager sind hier beheimatet und haben die Fremdenverkehrsschulen in Bad Leonfelden oder Bad Ischl absolviert. Ausgezeichnete Geschäftsleute kommen aus dem Land, wie zum Beispiel Wolfgang Mayrhuber, Vorstandsvorsitzender der Lufthansa. Mit Christoph Leitl ist ein Oberösterreicher Präsident der Bundeswirtschaftskammer, mit Reinhold Mitterlehner ein Mühlviertler Wirtschaftsminister.

Die österreichischen Eurofighter-Piloten machen ihre Flugtests in Kanada und den Vereinigten Staaten. Die besten Testergebnisse haben zwei Österreicher, einer war aus Linz, erreicht. Die US-Airforce hat ihnen sofort Jobs in ihren Staffeln angeboten, und trotzdem sind sie nach Zeltweg zurückgekehrt.

Manche Politiker mit extremen Ansichten können sich das in anderen Bundesländern leisten, in Oberösterreich aber nicht. Sie würden bei der Bevölkerung durchfallen. Extrem polarisierende Aussagen wirken in Oberösterreich abstoßend. Die Oberösterreicher sind gestandene, bodenständige Menschen. Sie haben sich ihren Hausverstand nie ganz verschütten lassen. Die Landeshauptleute Heinrich Gleißner, Erwin Wenzl, Josef Ratzenböck und Josef Pühringer waren und sind stets um Zusammenarbeit bemüht, auch mit den Andersdenkenden. Auch ich „kann" mit allen Parteien. Ich sorge mich um die Realisierung verschiedener Projekte, damit wir Fortschritte erzielen, damit etwas weitergeht.

Sowohl der Markt als auch die Mentalität sind in Oberösterreich besser als in anderen Bundesländern. Nehmen wir als Beispiel die Musikschulen des Landes. 60.000 Schülerinnen und Schüler nehmen freiwillig diese zusätzliche Ausbildung auf sich. Oberösterreich ist nicht nur das Wirtschaftsbundesland Nummer eins, sondern auch das Musikbundesland Nummer eins. Es ist mittlerweile zum „Hauptlieferanten" für die Wiener Philharmoniker geworden. Franz Welser-Möst ist Oberösterreicher und Chefdirigent des „Cleveland Orchestra" und Generalmusikdirektor der Wiener Staatsoper. Er wird das Neujahrskonzert 2010/2011 leiten.

Man muss unterscheiden zwischen Nationalismus und Regionalpatriotismus. Ein Patriot wird geboren, wenn er von sich selbst, von seinem Unternehmen, von seinem Land überzeugt ist. Diese Überzeugung behält er nicht für sich, sondern transportiert sie nach außen. Das Polarisierende darf nicht zu stark sein, damit sich das Gemeinsame entwickeln kann. Deshalb bin ich der Meinung, dass mit Leistung unweigerlich Emotion verbunden ist, die durch gemeinsames Feiern gelebt werden kann. Menschen, die nicht lustig sein können, die keine Freude mehr entwickeln, die keine positiven Emotionen haben, werden auch in der Wirtschaft wenig gefragt sein. Denn sie sind von Angst beherrscht, sie entwickeln sich nicht weiter, sie vereinsamen und geraten in psychischen Stress. Sie werden nicht in der Lage sein, jene Leistungen zu erbringen, die notwendig sind, um bei der Globalisierung über die patriotische Klammer mithalten zu können. Ich vergleiche das mit einer Herde von Lämmern, die man in die Freiheit hinauslässt, die aber beisammenbleiben, obwohl sie weglaufen könnten. Auch Menschen sind Herdentiere, die Nähe und Wärme brauchen. Das Herz muss immer mit dabei sein, damit der Bauch in Schwingung geraten kann.

Die Arbeitszeiten müssen flexibler werden
Die Einführung von Jahresarbeitszeiten wäre ideal

Unsere Gesellschaft sollte sich durch wesentlich mehr Flexibilität in der Arbeitszeit auszeichnen, damit die Unternehmen auftragsbezogen arbeiten können. Besonders konjunkturabhängig ist zum Beispiel die Autozulieferindustrie. Man kann nur schwer prognostizieren, wie viel Stück von einer bestimmten Marke gekauft werden. Es hängt davon ab, ob der Wagen „trendy“ ist, wie sich die Erwartungshaltung der Kunden verhält und wie ihre Stimmung ist. Herrscht eine allgemein gute Stimmung, wirkt sich das auch auf die Autoindustrie aus, und der Konsument wird sein Fahrzeug schneller wechseln. Ist das Gegenteil der Fall, also die Stimmung durch die ökonomischen Umstände negativ, dann wird der potenzielle Käufer mit seinem alten Wagen noch ein Jahr länger fahren. Die Konsequenz aus diesem Verhalten ist ein sofortiger Rückgang der Zahlen in der Zulassungsstatistik.

Ideal wäre eine Jahresarbeitszeit, für deren Realisierung aber ein guter und verständnisvoller Betriebsrat notwendig ist. Man darf die Arbeitnehmer nicht ausbeuten. Die Unternehmensführung und der Betriebsrat sollen eine Lösung finden, wobei sich jedoch nach Möglichkeit niemand von außen einmischen sollte.

Ein Beispiel wäre die Umstellung eines Drei- auf einen Vier-Schicht-Betrieb. Die Arbeitnehmer könnten pro Schicht um eine Stunde weniger arbeiten, machen im Gegenzug eine vierte Schicht dazu und haben am Freitag arbeitsfrei.

Wenn Autos gut verkauft werden, muss der Zulieferer sehr rasch reagieren und produzieren können. Kann er nicht liefern, kommt er beim nächsten Auftrag schon nicht mehr zum Zug, denn der Auftraggeber wird ihm mangelnde Flexibilität vorhalten. Das Unternehmen muss so beweglich sein, dass es im Bedarfsfall sieben Tage produzieren kann. Denn eines hat auch wenig Sinn: Dass man zusätzliche Arbeitnehmer in Zeiten der Hochproduktion anstellt, sie aber kündigt, wenn die Auftragslage zurückgeht. Bei einer neuerlichen Anstellung müsste man sie dann wieder anlernen. Das geht nicht, denn es würde zu viel wertvolle Zeit in Anspruch nehmen.

In manchen Bereichen sind deutsche Unternehmen flexibler als österreichische. Wenn wir hier nicht mithalten können, werden wir die Arbeitsplätze verlieren, sie bleiben bei den deutschen Konkurrenten. In diesem Fall haben wir weniger Wertschöpfung, und der Staat muss für die Arbeitslosenhilfe aufkommen. Der Staat erhält weniger Mehrwertsteuer, die Sozialversicherungsträger geringere Beiträge. Aus meiner Sicht wäre die Einführung einer Jahresarbeitszeit eine „Win-win-Situation“ für alle.

Das Schulsystem ist den neuen Herausforderungen nicht mehr gewachsen

Arm und Reich sind in Zukunft eine Frage der Bildung und nicht der Erbschaft

Die Finanzkrise hat Schwellenländer wie China gestärkt, trotzdem erwarte ich für Europa keine Wohlstandsverluste.

Die einzige Möglichkeit Europas, sich am Weltmarkt behaupten zu können, besteht in der Qualität der Produkte. Bildung ist ein solches Qualitätsprodukt, das immer mehr an Bedeutung gewinnt. Wenn aber aus den Volks- und Hauptschulen 25 Prozent der Abgänger versteckte Analphabeten sind, bekommen wir ein Problem. Die Folge daraus ist, dass wir unseren Wohlstand nicht halten können.

Das Thema Arm und Reich ist in Zukunft nicht mehr eine Sache der Erbschaft, sondern eine der Aus- und Weiterbildung. Reich werden jene sein, die eine sehr gute Ausbildung haben und durch das ununterbrochene „Dazulernen" nicht nur ihr Wissen erweitern, sondern auch ihre Sozialkompetenz stärken. Das ist sowohl in zwischenmenschlichen Beziehungen als auch im Geschäftsleben oft entscheidend. Menschen, die sich zeitlebens weiterbilden, sind sich ihres Selbstwerts bewusst, haben meist ein charmantes und sympathisches Auftreten und strahlen dadurch einen Optimismus aus, der beim Gegenüber in der Regel gut ankommt.

Es lässt sich nicht leugnen, dass wir Probleme im derzeitigen Ausbildungssystem haben. Das Schulsystem ist den heutigen Anforderungen nicht mehr gewachsen. Die Reform, die wir benötigen, hat mehrere Facetten.

Erstens: Die Lehrerinnen und Lehrer sollen erstrebenswerte Vorbilder für ihre Schüler sein. Idealerweise sollte der Schüler sagen, dass er schon allein wegen ihr oder ihm in die Schule geht. Es ist eine Fehlentwicklung, wenn sich die Lehrer ununterbrochen für ihre Arbeit rechtfertigen müssen. Die Zeit der so genannten

„g'sunden Watsch'n" und des „Scheitelkniens" ist vorbei, keine Frage. Die Autorität des Lehrers muss aber zu einem gewissen Grad gewahrt bleiben. Es müsste zum Beispiel möglich sein, dass der Lehrer den Schüler zu zusätzlichen Stunden nach dem Unterricht verpflichten darf. Die Rechte der Schüler sind aber derart ausgeweitet, dass ein simples Nachsitzen nicht mehr möglich ist. Die Problematik liegt oft bei den Eltern und Schülern begründet. Sie haben die Vorbildwirkung der Lehrer angekratzt.

Zweitens: Die Lehrerinnen und Lehrer dürfen durch den Lehrplan nicht zu sehr eingeengt werden. Sie benötigen Spielräume, die eine notwendige Abweichung gegebenenfalls zulassen. Man darf die Schulen nicht zu sehr „verschulen". Natürlich müssen sie den Kindern Schreiben, Lesen, die Grundrechnungsarten und das Sprechen beibringen, die Schüler werden aber mit zu viel Wissen vollgepfropft, das in den kleinen Köpfen oft nicht mehr verarbeitet werden kann. Es kommt zur Verstopfung statt zur Entwicklung, und die Schüler können sich dadurch zu wenig entfalten. Die Förderung von Kreativität, Innovationsfähigkeit und Harmonie ist aber ganz wichtig. Die Schüler müssen lernen, auf andere Menschen Rücksicht zu nehmen, wobei wieder die angesprochene Sozialkompetenz ins Spiel kommt. Durch Fernsehen und Internet wird die Kreativität der Kinder und Jugendlichen behindert. Der übermäßige Konsum dieser Medien kann ihnen in ihrer Entwicklung nur schaden. Die Etablierung der Musikschulen in Oberösterreich war und ist ganz wichtig. Einrichtungen wie diese sind ein guter Ausgleich zum Schulbesuch und verhindern gleichzeitig das stundenlange Verweilen vor dem Fernseher. Wer musiziert, benötigt Harmonie- und Hörverständnis. Es ist keine rein technische Angelegenheit, ein Klavier oder eine Orgel zu spielen. Beim Trompete-Blasen kommt es neben der Technik auf das „G'hör" und das „G'spür" an. Die Harmonie ist entscheidend, man darf weder zu laut noch zu leise sein. Einmal spielt man ein schönes Piano, dann wieder ein ordentliches Forte. Das bringt Dynamik und fordert die Fähigkeit der Kreativität.

Drittens: Die Einführung einer gemeinsamen Schule für alle 10- bis 14-Jährigen ist wichtig. Es bedeutet für einen Zehnjährigen eine Überforderung, in diesem Alter eine Art Lebensentscheidung zwischen Hauptschule und Gymnasium zu treffen. Seinen Werdegang im Alter von 14 Jahren einschätzen zu müssen, wenn es um die Entscheidung zwischen weiterführender Schule oder Lehre geht, ist früh genug.

Ein weiteres Argument für einen Zusammenschluss ist, dass die schwächeren Schüler die besseren unbedingt brauchen. Es stimmt nicht, dass dadurch das Niveau sinkt und die Guten automatisch absacken, wenn ausgezeichnete und weniger gute Kinder in einer gemeinsamen Klasse sitzen. Die Guten müssen die Schlechteren mitnehmen, sie dienen als Vorbilder.

Ich kann mich noch gut an meine Volksschulzeit in Arnreit erinnern. Im Rechnen war ich Meister. Die Mädchen haben sich zusammengeschart und gemeint, das gibt es nicht, dass die Buben in Mathematik besser sind. Dadurch haben sich Ehrgeiz und Rivalität entwickelt, Situationen, mit denen man im späteren Leben ununterbrochen konfrontiert wird.

Die gemeinsame Schule darf aber keinesfalls zur Nivellierung nach unten führen. Schüler mit außergewöhnlichen Fähigkeiten gehören speziell gefördert, indem man ihnen besondere Aufgaben überträgt. Beispiele dafür wären Redeübungen zu bestimmten Themen oder die Organisation von Ausflügen, wenn man erkennt, dass in einem Kind Organisationstalent schlummert. In Arnreit verfügten wir bereits zu Beginn der Fünfzigerjahre über klare Strukturen in der Schule und hatten Klassen- und Schulsprecher sowie einen Schulausschuss.

Es ist auch nicht richtig, alle Schüler ins Gymnasium hineinzutreiben, damit sie unter allen Umständen und oft mit Ach und Weh die Matura machen. Eine Lehre zu absolvieren, ist da oft die klügere Lösung, denn hier können sich Jugendliche nicht selten besser entwickeln. Unser bester Mann im „Finance Trade Center" der Raiffeisenlandesbank hat eine Banklehre absolviert, internationale Tests ausgezeichnet bestanden und in London bei einer Evaluierung die meisten Punkte erzielt.

In der Diskussion um das Bildungssystem stören mich die ideologisierten Positionen, die ein Ungleichgewicht zur Folge haben. Die einen setzen nur auf den Markt, wobei die Gefahr besteht, dass der Mensch auf der Strecke bleibt. Die anderen auf das Kollektiv und die Gleichmacherei, weil sie den Menschen allein für überfordert halten. Der entscheidende Punkt ist, dass sich die Heranwachsenden individuell entwickeln und so in der Lage sein werden, Verantwortung übernehmen zu können.

Internationalität

Offene Grenzen bedeuten große Chancen
Die Expansion nach Tschechien, Bayern und Wien

Mit der Unterzeichnung des Staatsvertrages am 15. Mai 1955 wurde die Demarkationslinie zwischen Oberösterreich und Niederösterreich aufgehoben und die uneingeschränkte Zusammenarbeit in Oberösterreich zwischen der sowjetischen Besatzungszone nördlich der Donau (Mühlviertel) und der amerikanischen Besatzungszone südlich der Donau möglich. Man sollte es nicht glauben, doch es war so, dass sich viele Firmen aus dem südlichen Teil Oberösterreichs erst Jahre später im Mühlviertel angesiedelt haben, denn es herrschte im Süden des Landes folgende Einstellung: Nach dem Norden geht man nur, wenn es unbedingt sein muss, denn das war zehn Jahre hindurch sowjetische Besatzungszone.

Im Jahr 1976, als ich bereits sechs Jahre verheiratet und zwei Jahre Prokurist der Raiffeisenlandesbank, damals noch unter dem Namen „Raiffeisen Zentralkasse", war, kaufte ich ein Grundstück in St. Magdalena für unser Wohnhaus, nördlich der Donau gelegen. Ich vereinbarte mit meiner Frau Anneliese, dass wir dieses Grundstück dem Schwiegervater zeigen, der aus Waizenkirchen (Hausruckviertel), also südlich der Donau, stammte. Bei der Besichtigung hat er keinen Kommentar abgegeben. Ich fragte meine Frau, ob ihm vielleicht dieses Grundstück, das an einem schönen Südhang gelegen ist, in St. Magdalena nicht gefällt. St. Magdalena ist ein wirklich netter Ort am Nordrand von Linz. Es verfügt über viele Vereine und ist eine eigene Pfarre. Meine Frau meinte entschuldigend: „Weißt du, alles, was nördlich der Donau ist, hat bei der älteren Generation südlich von der Donau stammend keinen hohen Stellenwert, denn hier waren die Russen als Besatzungsmacht." Diese Auffassung war lange Zeit in den Köpfen vieler Menschen. Als 1968 die Warschauer-Pakt-Truppen in die Tschechoslowakei unter der Führung der sowjetischen Soldaten einmarschierten, haben viele im Mühlviertel befürchtet, sie würden wieder bis zur Donau marschieren. Ich kann mich noch erinnern, dass sich die Bevölkerung erst beruhigt hat, als das österreichische Bundesheer im Mühlviertel unterwegs war. In der Tschechoslowakei wurden die Ära Dubček und damit der so genannte „Prager Frühling" beendet. Das Böhmerwaldgebiet wurde von der Bevölkerung des Oberen Mühlviertels oft als Niemandsland bezeichnet, weil es keine Verbindungen oder Kontakte nach außen gab.

Ich habe die Grenzkontrollen nach dem Zweiten Weltkrieg durch die Besatzungstruppen auf der Linzer Nibelungenbrücke noch erlebt, genauso die Grenzkontrollen Richtung Bayern. Es war sehr schwierig, über den Grenzübergang Wullowitz bei Freistadt in die Tschechoslowakei zu kommen. Man musste stundenlang warten. Alles wurde genauestens geprüft. Viele Menschen haben daher die Grenzübergänge gemieden.

Ich gebe diese Eindrücke deshalb wieder, um zu vermitteln, welche Chancen und Möglichkeiten damit verbunden sind, offene Grenzen zu haben, offen auf Menschen zuzugehen und mit ihnen über frühere Grenzen hinweg Geschäfte machen zu dürfen.

1989 kam es zum überraschenden Zusammenbruch der kommunistischen Systeme in Osteuropa und des Eisernen Vorhangs. Unsere Kunden, oberösterreichische Firmen, große Konzerne und mittelständische Betriebe, haben am Beginn der Öffnung zwar zögerlich, aber dann immer intensiver die Chancen genützt, neue Märkte zu erobern.

Ich habe aber auch miterleben müssen, dass viele Fehler gemacht wurden. Dadurch habe ich beobachten können, wie man es nicht machen sollte, und im Gegensatz dazu die Erfahrung gesammelt, wie man es machen kann. Beim „Richtigmachen" kommt es immer darauf an, die entsprechenden Geschäftspartner zu finden, sie kennen zu lernen, ihnen ihrer Mentalität entsprechend gegenüberzutreten, ihnen Zeit zu lassen und ihnen sprachlich entgegenzukommen, indem man sich einige Höflichkeitsformeln aneignet, die in dem jeweiligen Land angebracht sind. Das ist in Tschechien ganz wichtig.

Es war uns in der Raiffeisenlandesbank Oberösterreich und mir persönlich seit meiner Bestellung als Generaldirektor 1985 ein ganz besonderes Anliegen, dass wir unsere Kunden intensiv begleiten, ob das in Wien, in Bayern und nach dem Fall des Eisernen Vorhanges 1989 in Tschechien war.

Ich bin zutiefst davon überzeugt: Hätte ich als Jugendlicher die Demarkationslinie Donau mit all den Schwierigkeiten nicht erlebt, hätte ich die tote Grenze nach Böhmen in ihrer gesamten Tragweite nicht begriffen, hätte ich auch dieses Begleiten der Kunden nicht so intensiv betreiben können. Als 1949 die Bundesrepublik Deutschland entstand, haben wir inmitten der sowjetischen Besatzungszone unser Nachbarland mit Sehnsucht beobachtet und beneidet. Die Expansion nach Tschechien war daher – und das gestehe ich ganz offen – nicht so sehr vom Bestreben getrieben, ziffernmäßig wachsen zu wollen, sondern vor allem ein emotionales Thema. Wir wollten mithelfen, die offenen Grenzen mit all den zu Gebote stehenden Mitteln für unsere Kunden, für unser Land und für unsere Leute zu nützen.

Bis zur Öffnung der Grenzen 1989 und bis zum EU-Beitritt 1995 haben wir ständig vom „raiffeisenspezifischen Regionalitätsprinzip" gesprochen. Jede Raiffeisenbank kümmerte sich nur um die eigene Region. Das ist aber aufgrund der neuen Verhältnisse neu zu interpretieren. Wir haben – und das ist ein Gebot der Stunde – unsere Kunden zu begleiten, sie zu fördern, ihnen zu helfen, damit sie beim Exportieren, beim Suchen von richtigen Geschäftspartnern möglichst keine Fehler machen. Und so haben wir 1991 in Passau die erste Filiale eröffnet. Da Österreich damals noch nicht EU-Mitglied war, stellte Passau zuerst eine Tochterbank dar, die aus Kostengründen nach dem EU-Beitritt in eine Niederlassung umgewandelt wurde. In der Folge ging es Schlag auf Schlag. Immer mehr Kunden, nicht nur aus Oberösterreich, sondern auch aus anderen Bundesländern, haben mit uns die Geschäftsverbindung gesucht, damit wir gemeinsam nach Bayern gehen konnten. 1996 wurden die Niederlassungen München und Nürnberg eröffnet, 1999 folgten Regensburg und Landshut, 2006 Würzburg, Ulm und Heilbronn.

Wir haben alle unsere Tochtergesellschaften ermutigt, in den Niederlassungen ihre Netzwerkfunktion einzubringen. Heute sind es 8.078 Firmenkunden, die wir in Bayern und Baden-Württemberg betreuen, sowie 4.204 Privatkunden. Das Geschäftsvolumen beträgt 7,433 Milliarden Euro, das Betriebsergebnis 30,8 Millionen Euro.

Wir sind heute ein sicherer Partner für den bayerischen und baden-württembergischen Mittelstand. Bayerische Politiker gehen uns zu, und bayerische Interessenvertreter sind froh, dass wir in Bayern präsent sind. Die bayerische Förderbank LfA ist ein sehr wichtiger Partner für uns.

Im Juli 1993 haben wir in Budweis mit der ACG Praha (Austrian Consulting Group) begonnen, wir sind in der Folge nach Prag gegangen. Jan Vosecký war unser erster Mitarbeiter. Er ist heute noch eine Stütze und Säule im Konzern der Raiffeisenlandesbank OÖ AG. Ich besorgte bereits damals eine Bankkonzession für ganz Tschechien. Das war übrigens die erste Konzession, die die Tschechische Nationalbank Národní Banka einer ausländischen Bank erteilt hat. Wir haben sie bis heute nicht allein genützt, denn ich ließ mich in der Folge von der Raiffeisen Zentralbank RZB und von den niederösterreichischen Freunden überzeugen, dass es vernünftig sei, wenn wir in Tschechien gemeinsam das Bankgeschäft beginnen würden. An der Raiffeisenbank Prag haben sich die RZB, sprich Raiffeisen International, mit 51 Prozent, wir in Oberösterreich mit 25 Prozent und Niederösterreich mit 24 Prozent beteiligt. In Tschechien betreuen wir daher gemeinsam 412.860 Kunden, davon sind 76.849 Firmenkunden. Das Geschäftsvolumen beträgt 16,014 Milliarden Euro, wir werden ein Betriebsergebnis von 55,69 Millionen Euro erreichen. Wir sind aber zusätzlich mit all unseren Tochtergesellschaften in Tschechien, um unseren Kunden aus Österreich und Bayern nicht nur die bankbezogenen Dienstleistungen anbieten zu können, sondern auch die übrigen wie alle Arten von Leasing, Immobilien, Versicherungen und Consulting über die ACG Praha.

Lange haben wir überlegt, was wir in Wien machen sollen. Immer mehr Firmen, Kunden der Raiffeisenlandesbank OÖ AG, haben begonnen, Filialbetriebe bzw. Joint Ventures im Wiener Raum zu errichten. Ebenso studieren rund 10.500 oberösterreichische Studenten da, und viele Oberösterreicher suchen eine Wohnung bzw. eine Immobilie in Wien. Wir waren als Raiffeisenlandesbank OÖ in Wien nicht direkt vertreten. Nachdem es sehr schwer war, unsere Kunden zur Raiffeisen Zentralbank RZB oder zur Raiffeisen Wien zu bringen – viele haben wir dabei verloren, da sie zu jenen Banken gegangen sind, die auch in Oberösterreich vertreten sind –, mussten wir uns entschließen, Firmenkunden und Privatkunden mit oberösterreichischer Verbindung in Wien zu betreuen. Unsere erste Filiale in Wien war in der Jacquingasse 47, im dritten Gemeindebezirk. Manche haben uns dort nicht gefunden, sodass wir einen attraktiveren Platz gesucht und in der Folge auch gefunden haben: Operngasse 2, das Eckhaus schräg gegenüber vom Hotel Sacher, neben der Oper und neben der Albertina. Wir nannten es Haus Oberösterreich und haben versprochen, dass wir an den Fassaden nicht mit dem Giebelkreuz auftreten, um unsere Wiener Freunde nicht zu sehr zu reizen. In der Folge haben auch unsere Tochterfirmen Filialen eröffnet, sodass wir bereits bis auf zwei Stockwerke das ganze Haus mit eigenen Aktivitäten füllen. Zurzeit betreuen wir in Wien 9.113 Kunden (2.422 sind Firmenkunden, 6.691

Privatkunden), ohne dass wir täglich unseren Wiener Raiffeisen-Kollegen auf die Zehen steigen. Wir haben gelernt, miteinander überregional umzugehen, ohne permanent in interne Konflikte zu geraten.

Wesentlich schwieriger war die Situation bei unseren Engagements Hypo Oberösterreich und Hypo Salzburg. In Oberösterreich waren wir Wunschkandidat. Denn bei der Privatisierung von 49 Prozent an der Hypo Oberösterreich durch das Land Oberösterreich hat es nur zwei Angebote gegeben: eines des Sparkassensektors und unsere Offerte. Es war ein öffentliches, geheim geführtes Bieterverfahren. Uns war klar, dass wir bieten mussten, denn wenn man bereits sehr hohe Marktanteile hat, benötigt man eine Zwei-Marken-Strategie, um zusätzliche Marktanteile zu gewinnen. Von Journalisten wurden wir ständig gefragt, wie viel wir bieten, was wir natürlich während des Bieterverfahrens nicht sagen durften. Ein Journalist meinte, es würde ein Kaufpreis von 930 Millionen Schilling kolportiert. Ich wurde von ihm gefragt, ob das stimme. Ich habe geantwortet, dass wir das nicht sagen dürften. Daraufhin meinte er: „Werden es weniger oder mehr sein?“ Ich habe geantwortet: „Ich kann es beim besten Willen nicht sagen.“ Er antwortete: „Dann schreibe ich 930 Millionen.“ Nachdem ich ihm das Schreiben dieser Summe nicht verbieten konnte, hat er es so geschrieben. Unsere Mitbewerber haben sich in der Folge offensichtlich an diesem Betrag orientiert, denn sie haben 970 Millionen Schilling geboten, während wir gesagt haben, wir pokern nicht, wenn wir etwas wollen. Wir werden dem Land Oberösterreich einen genau kalkulierten Betrag bieten, den wir aufgrund zu erwartender Synergien und Vereinbarungen im Rahmen eines Aktienvertrages noch rechtfertigen können. Das haben wir auch getan, und wir haben den 49-Prozent-Anteil an der Hypo um 1,681 Milliarden Schilling bekommen. In der Folge wurden wir in der Öffentlichkeit kurze Zeit gegeißelt, dass wir nicht rechnen könnten, weil wir einen viel zu hohen Betrag bezahlt hätten. Intern haben wir die

Ziffern exakt vorgelegt. Unsere Organe haben sich damit intensiv beschäftigt und diesen Betrag gutgeheißen. Heute sind wir froh, dass wir bei der Hypo Oberösterreich eingestiegen und unsere Mitbewerber nicht zum Zug gekommen sind. Eine Zwei-Marken-Strategie lohnt sich. Wir konnten die Marktanteile ständig erweitern.

Viel schwieriger war es bei der Hypo in Salzburg. Der damalige Landeshauptmann Franz Schausberger sagte mir, dass die Sozialdemokraten ihn hätten wissen lassen, dass sie mit einem Einstieg von Raiffeisen Salzburg nicht einverstanden seien. Die Bayerische Hypovereinsbank sollte auch nicht zum Zug kommen. Wir als Raiffeisen Oberösterreich sollten uns anstrengen, die Hypo zu bekommen. Nachdem wir unsere Salzburger Raiffeisen-Freunde nicht verärgern wollten, habe ich den damaligen Generaldirektor des Raiffeisenverbandes Salzburg, Manfred Holztrattner, kontaktiert und ihm den Vorschlag gemacht, die Synergien beider Hypos gemeinsam zu nutzen: Wir steigen in Salzburg beim zu privatisierenden Anteil mit 25 Prozent ein, Raiffeisen Salzburg übernimmt 75 Prozent, und umgekehrt bleiben wir in Oberösterreich mit 75 Prozent beteiligt und Raiffeisen Salzburg übernimmt in Oberösterreich 25 Prozent. Das Modell wurde in meinem Büro ausverhandelt. Holztrattner und ich gaben uns die Hand, haben uns über die Vereinbarung gefreut und verabschiedet. Peter Krichbaumer, der Leiter unserer Rechtsabteilung, wurde nach Salzburg geschickt, um mit den dortigen Juristen die detaillierten Vereinbarungen zu verhandeln, damit wir entsprechende Vorverträge abschließen konnten. Krichbaumer war noch in Salzburg beim Gespräch mit dem Raiffeisenverband, da erhielt ich einen Brief von Holztrattner, dass er nicht mehr zu diesem Modell stehe. Raiffeisen Salzburg werde allein bieten. In der Folge war er einige Zeit nicht erreichbar, er war auf einer Bärenjagd in Kanada, und ich wusste nicht mehr, was wir tun sollten. Oberösterreichs Landeshauptmann Josef Pühringer fuhr dann mit mir zum Raiffeisenverband Salzburg. Wir haben zwei Stunden mit Holztrattner verhandelt, es war nichts mehr zu ändern, er war nicht einsichtig, dass wir gemeinsam die Synergien heben sollen. Beim Rausgehen vom Raiffeisenverband in Salzburg meinte Pühringer: „Eine Betonsäule biegt sich leichter." In der Folge haben wir im Gemeindeamt Eugendorf noch einmal versucht zu verhandeln, wieder zweieinhalb Stunden. Mit Holztrattner war nichts mehr zu machen. Schlussendlich hieß es, Raiffeisen Oberösterreich solle allein bieten, und wer das meiste biete, bekomme es.

Wir haben mehr geboten als Raiffeisen Salzburg. Wir haben wieder scharf gerechnet, und wir bereuen es bis heute nicht, dass wir die Mehrheit übernommen haben. Im Zuge der beiden Hypo-Deals wurde mir neuerlich klar, was ich eigentlich immer schon wusste: Wenn man etwas haben will, muss man scharf rechnen und einen „ordentlichen" Preis bezahlen. Bekommt man es um diesen Preis, dann hat man kein unmögliches Geschäft gemacht. Bekommt man es nicht um diesen Preis, weil ein Mitbewerber mehr bezahlt hat, braucht man sich in der Folge keinen Vorwurf zu machen.

Vieles hat sich geändert. Daher wird die Regionalität, die bei Raiffeisen vor der Globalisierung bei geschlossenen Grenzen eine besondere Bedeutung hatte, neu zu interpretieren sein. Auch das Geschäft über Internet und all die modernen IT-Instrumente haben die Welt und damit auch manche strategischen Theorien und Praktiken verändert. Die Herausforderungen wurden globaler. Dezentral über Raiffeisenbanken verwurzelt zu sein, bleibt ein Gebot der Stunde. Es ist aber eine neue Herausforderung geworden, Kunden, die weltweit agieren, global zu begleiten. Für Raiffeisen in Österreich gilt daher, Leistungen mit vertretbaren Kosten zu bieten, die beim Kunden ankommen. Ich habe das vor einigen Jahren als horizontale Performance formuliert und keine Zuständigkeitserklärungen abgegeben. Menschen suchen bei Banken Kompetenz, Sicherheit und solide Geschäftsbeziehungen, es interessiert sie nicht, wer vielleicht zuständig sein könnte für das, was er braucht.

Wir haben strategisch abgeleitet: Wir brauchen Kompetenz, Sympathie, das Vertrauen der Kunden, Herz und Biss in der Geschäftsbeziehung. Wichtig ist, dass wir Orientierung geben und nicht verunsichern. Wir müssen daher die Sprache des Jammerns, des Angstmachens, des Raunzens und des Suderns vermeiden und viel Optimismus ausstrahlen.

Die Uneinigkeit der EU
Europa sollte in drei Gruppen gegliedert werden

Das Problem der EU ist ihre Uneinigkeit. Der amerikanische Außenminister Henry Kissinger hat einmal die Frage gestellt: „Wo steht das Telefon in Europa, das ich anrufen kann? Soll ich in Paris, Berlin oder Brüssel anrufen?“

Das gegenseitige Misstrauen der verschiedenen europäischen Regierungen ist sehr groß und hindert die EU-Kommission am echten Verhandeln. Im Grunde verfügt sie über keine wirkliche Macht. Es muss zuerst einmal ein gemeinsamer Konsens der 27 Mitgliedsstaaten gefunden werden, bevor nach außen verhandelt werden kann.

Wenn die Europäische Union auf Dauer erfolgreich sein will, darf sie nicht alles reglementieren. Bestimmte Themen müssen abgedeckt werden: eine gemeinsame Außen- und Währungspolitik, die in erster Linie auf die Stabilität, aber auch auf die Konjunktur achtet, eine gemeinsame Sicherheitspolitik und eine vereinigte europäische Eingreiftruppe. Die EU ist ein Friedensprojekt. Sie soll die Sozial- und Finanzpolitik abstimmen, nicht aber die Steuerpolitik. Es braucht einen Steuerwettbewerb zwischen den Regionen. In der Wirtschaftspolitik soll das Subsidiaritätsprinzip gelten, wobei die jeweilige Region Priorität hat, nicht Brüssel. Ich trete ein für eine EU der Regionen, die miteinander im Wettbewerb stehen. Die EU benötigt mehr Regionalität. Es darf nicht alles in Brüssel entschieden werden.

Negativ beurteile ich das Verhalten mancher Politiker, die sich in ihrer Heimat vor Entscheidungen drücken, das Problem auf europäische Ebene verlagern und dann auf die EU schimpfen.

Im Rahmen einer Podiumsdiskussion in Regensburg sind einige, auch grundsätzlich sehr kluge Menschen gegen den deutschen Ex-Kanzler Helmut Kohl losgezogen. Die Wiedervereinigung sei viel zu teuer gewesen, jammerten sie. Ich antwortete ihnen, die EU möge schlecht sein, aber allein durch die Tatsache, dass sie den Frieden sichere, mache sie sich schon bezahlt. „Habt ihr schon einmal berechnet, was euch der Zweite Weltkrieg, abgesehen von den menschlichen Tragödien, gekostet hat?“, habe ich sie gefragt. Spontane Stille ist eingetreten. Nach einer Weile ist Applaus aufgekommen. Was ich gesagt habe, hat wie ein Schock gewirkt.

Wie bereits erwähnt, darf gestärkte Regionalität keinesfalls mit Nationalismus verwechselt werden. Nationale Egoismen werden durch die Jugend überwunden, wobei offene Grenzen ein wichtiger Faktor sind. Ich setze auf den Jugend- und Studentenaustausch. Unternehmen, die exportieren wollen, sollen sich junge Menschen aus den angepeilten Exportländern holen und sie in die eigene Betriebskultur und Mentalität einführen. Das sollte nicht nur für den europäischen Raum gelten, sondern auch für die Türkei, Russland, Indien, China etc.

Innerhalb Europas werden die Grenzen an Bedeutung verlieren. Erste Ansätze dazu sind bereits verwirklicht, wie es zum Beispiel bei der Euregio oder der Donauländerkonferenz der Fall ist.

Europa sollte in drei Gruppen gegliedert werden: in den Kernbereich mit Deutschland, Österreich, den Beneluxstaaten, Frankreich, Slowenien, Slowakei, Tschechien, Polen, Ungarn, Finnland, Schweden und Dänemark.

Die zweite Gruppe würde die assimilierte Gruppe darstellen, die keine EU-Vollmitglieder sind. Dazu würde ich Großbritannien, Rumänien und Bulgarien rechnen. Für sie bestünde die Möglichkeit, durch Einhaltung der Regeln in die Kerngruppe aufzusteigen.

Die dritte Gruppe wäre die assoziierte Gruppe mit der Ukraine, Russland und der Türkei. Mit diesen Ländern sollte die EU bilaterale Verträge abschließen. Sie hätten in dieser Ausgangsposition die Chance, in die assimilierte Gruppe aufgenommen zu werden.

Ein Fehler der Vergangenheit war es, Länder wie Griechenland, Rumänien oder Bulgarien so schnell als Kernmitglieder aufzunehmen, obwohl sie die Standards nicht regelkonform erreichten. Es geht nicht nur darum, dass die Regierungen Gesetze beschließen, sie müssen sie auch entsprechend umsetzen können. Wichtig ist es dabei beispielsweise, sich auf die Judikatur verlassen zu können. Phänomene wie die Mafia und die mit ihr in Zusammenhang stehende Kriminalität müssen beseitigt werden.

Die Krise des Euro
Wer sich dem Populismus verschreibt, kommt durch ihn um

Viele, die immer wieder von der Euro-Schwäche reden, haben kein Langzeit-Gedächtnis. Bei der Einführung des Euro als Buchgeld am 1. Jänner 1999 lag der Kurs gegenüber dem US-Dollar bei 1 zu 1,18. Dann wurde der Dollar ständig weicher und stürzte schließlich völlig ab. Der Kurs betrug 1 zu 1,60. Bei diesem Wechselkurs wurde der Export aus österreichischer Sicht aus zwei Gründen nahezu unmöglich: Erstens wurde das Exportieren zu teuer, und zweitens konnten manche osteuropäischen Währungen mit dem zu harten Euro nicht mehr mithalten.

Ich habe damals eine Art „Marshallplan“ für osteuropäische Währungen verlangt. Denn wenn die Disparität des Euro zu den osteuropäischen Währungen zu groß wird, verliert Österreich die wichtigen osteuropäischen Exportmärkte. Durch die Normalisierung im Verhältnis Euro zu Dollar entstehen Exportchancen, die wir bereits deutlich spüren. Ich bin froh, dass wir wieder einen

Wechselkurs haben, der uns weiterhin Wertschöpfung und damit Arbeitsplätze im Inland sichert. Damit können wir uns auch wieder vermehrt vor unsinnigen Importen schützen – vor allem aus Asien – und wieder auf Wachstumskurs gehen. Ich wünsche mir ein Verhältnis von 1,20 bis 1,30 Dollar. In diesem Korridor sollte sich der Kurs bewegen.

Ich bin vom Euro sehr überzeugt, es gibt dazu keine Alternative. Sogar Länder wie Dänemark oder die Schweiz, die ihn bisher nicht haben wollten, meinen bereits, dass bei einer Volksbefragung eine kräftige Mehrheit für den Euro erreichbar wäre. Ich sehe der Entwicklung sehr ruhig entgegen. Voraussetzung ist allerdings, dass man die Wirtschaft investieren und wachsen lässt, die Regulierungswut und Verbürokratisierung in den Griff bekommt und Mut beweist, indem man in der Wirtschafts- und Finanzpolitik eine realistische und abgestimmte Vorgangsweise einschlägt. Eine gemeinsame Wirtschaftsregierung halte ich demokratiepolitisch in Europa für nicht machbar.

Die Euro-Zone versorgt Griechenland mit Liquidität, aber nicht mit Geschenken. Die Griechen zahlen den Euro-Ländern fünf Prozent Zinsen auf drei Jahre. Auf dem Markt müssten sie zehn Prozent zahlen. Der österreichische Finanzminister erhält für den Kredit von den Griechen fünf Prozent. Wobei er es um drei Prozent leiht. Das bedeutet für ihn sogar noch ein Geschäft.

Die Griechen müssen jetzt nachholen, was sie schon seit Jahren hätten machen sollen. Sie müssen sparen. Sie haben sich Dinge geleistet, die ihr Budget sprengten. Sie müssen ihren Wohlstand an das Niveau anpassen, das sie an Wertschöpfung schaffen. Wenn das in den kommenden drei Jahren gelingt, dann ist das Land wieder dort, wo es sein müsste, und fällt niemandem in Europa zur Last.

Wenn die Politiker Griechenlands nicht aufhören, nach außen zu schimpfen – zum Beispiel gegen die Deutschen, die die meiste Liquidität zur Verfügung stellen –, weil sie hoffen, dass sie landesintern einen höheren Zuspruch erhalten, dann werden sie früher oder später Probleme bekommen. Der griechische Präsident hat zur Unterstützung Deutschlands kommentiert, dass Deutschland jetzt einmal ordentlich zahlen sollte, denn es hätte für die Besetzung Griechenlands im Zweiten Weltkrieg keine Reparationszahlungen geleistet. Das ist Populismus, der wenig zielführend ist, denn die Griechen werden nicht umhinkommen, ihre Hausaufgaben zu erledigen. Die Zeit wird bald vorbei sein, da die einen in der EU nur zahlen und die anderen kassieren. Das kann auf Dauer nicht funktionieren, denn die nationalen Regierungen sind nicht in der Lage, solch immens hohe Lasten auf sich zu nehmen.

Ein Ausscheiden Griechenlands aus dem Währungssystem des Euro ist nicht sinnvoll. Es sollte in der Euro-Zone bleiben und nach und nach versuchen, die Auflagen zu erfüllen. Ein Ausscheiden würde das Land fürchterlich nach unten peitschen, und es hätte dann viel schlechtere Chancen, sich zu erholen. Hartwährung heißt, konsequent zu arbeiten. Weichwährung bedeutet, immer den Weg des geringsten Widerstands zu gehen. Statt zu sanieren, wird die Währung abgewertet. Es hat den Italienern nicht viel gebracht, viele Jahre lang mit der stets schwächer werdenden Lira den Weg der Sanierung zu vermeiden.

Zur europäischen Solidarität gehört, dass sich die Nettoempfänger der EU an die üblichen Usancen halten. Sie dürfen gegenüber der Bevölkerung nicht populistisch werden, denn Populismus wirkt in der Politik wie Suchtgift. Je populistischer Politik wird und je geringer die Erwartungen an die Menschen sind, umso stärker wirkt diese Sucht. Das funktioniert so lange, bis die Grenzen überschritten werden und schließlich kräftige Sanierungsmaßnahmen vonnöten sind. Das ist schlecht, rechtzeitig zu bremsen ist hier vernünftiger. Eine Regierung, die den Weg des geringsten Widerstands geht und Populismus betreibt, wird ihre Glaubwürdigkeit verlieren. Denn nach dieser Regierung kommt mit Sicherheit ein gewaltiger Katzenjammer. Mit einer Regierungsbildung geht auch die Verantwortung einher, notwendige Maßnahmen umzusetzen. Wenn die Machthabenden dazu nicht in der Lage sind, muss eine neue Regierung gewählt werden. Wer sich dem Populismus verschreibt, wird unweigerlich durch ihn umkommen.

Es ist die Kunst der Politik, die Geschwindigkeit der Veränderungen richtig zu wählen. Erfolgen sie zu langsam, gerät man ins Hintertreffen, werden sie aber zu schnell vollzogen, verliert man die Wähler und damit die Mehrheit. Es geht also, wie so oft, um das richtige Maß. Ich habe einmal zu einem Gewerkschaftsführer gemeint, dass er natürlich das Recht zu demonstrieren habe: „Aber wenn du die Fahne in der Hand hast, musst du schauen, ob dir die Leute noch mitgehen. Du musst darauf achten, nicht zu laut und nicht zu schnell zu sein, nicht zu aggressiv oder zu radikal vorzugehen." Wenn man sich lange nicht bewegt hat, ist es unmöglich, von heute auf morgen zu einem Hürdenläufer zu werden.

Der erste Schritt gegen Mitgliedsstaaten mit zu hohen Schulden ist, ihnen keine Förderungen mehr zu gewähren. Der derzeitige europäische Ausgleichsmechanismus muss korrigiert werden. Es ist nicht gut, dass ständig dieselben Länder Nettozahler und dieselben Länder Nettoempfänger sind. Denn manche Länder gehen hier den Weg des geringsten Widerstands. Die deutsche Bundeskanzlerin Angela Merkel kann zu Hause nicht das Pensionsalter auf 67 Jahre anheben, während die Griechen mit 50 Jahren in Pension gehen.

Um unpopuläre Maßnahmen umsetzen zu können, muss dafür die Akzeptanz vorhanden sein. Die Menschen müssen die Notwendigkeit erkennen. Hier ist ein enormer Erklärungsbedarf vorhanden. Die Frage lautet: Was ist in der Demokratie der Bevölkerung zumutbar? Wenn man über Jahre hinweg Populismus betreibt, dann aber in unsicheren Zeiten kräftig auf die Bremsen steigen muss, findet man bei der Bevölkerung verständlicherweise nicht die notwendige Akzeptanz. Die Menschen fühlen sich zu Recht angelogen. In Fällen wie diesen müssen die Betroffenen abtreten, und in der Folge müssen neue Führungskräfte darauf achten, dass sie die notwendige Akzeptanz für ihr Vorhaben gewinnen. Wenn die Vorstände in einem Unternehmen den Mitarbeitern etwas vormachen, Wasser predigen und heimlich Wein trinken, werden auch sie das Vertrauen ihrer Mitarbeiter verlieren. Notwendige unpopuläre Maßnahmen umzusetzen, ist hier fast unmöglich, denn die Mitarbeiter sagen dann, die Vorstände sollten selbst einmal vorzeigen, wie man es macht. Erst dann wären sie bereit, es auch zu machen. Es ist zum Beispiel undenkbar, dass der Vorstand eine Gehaltserhöhung erwartet, wenn im Unternehmen massiv gespart werden muss. Er muss sie aus Akzeptanzgründen zurückweisen.

Die Demokratie braucht Vorbilder, ebenso die Jugend. Wird mit gutem Beispiel vorangegangen, ist es für die Mitglieder der Gesellschaft möglich, dies nachzuleben. Aber wenn jene, die vorne stehen, dazu nicht in der Lage sind, ist die notwendige Akzeptanz für schwierige Maßnahmen nicht gegeben. Ein Politiker kann nicht von heute auf morgen von einem Populisten zu einer staatstragenden Persönlichkeit werden. Er wird nicht ernst genommen.

In den Siebzigerjahren gab es zwischen dem damaligen Bundeskanzler Bruno Kreisky und Finanzminister Hannes Androsch einen Konflikt über die weitere Verschuldung. Androsch war dagegen und im Parteivorstand plötzlich glaubwürdiger als Kreisky. Die Auseinandersetzung gipfelte darin, dass der Wiener Bürgermeister Leopold Gratz und Androsch Kreisky als Kandidaten für die Bundespräsidentschaftswahl vorschlugen. „Aha“, hat Kreisky gesagt, „weghaben wollt ihr mich.“ Von diesem Zeitpunkt an gab es ein irreparabel gestörtes Verhältnis zwischen Kreisky und Androsch. Schließlich und endlich kam das so genannte „Mallorca-Belastungspaket“, das die Ursache für den Verlust der absoluten Mehrheit der SPÖ 1983 war. Ich war zu diesem Zeitpunkt beim „Europäischen Forum Alpbach“. Wir sind damals im Alpbacher Hof gesessen und haben uns die Zeit-im-Bild-Nachrichten im Fernsehen angeschaut, als Kreisky den Rücktritt von Androsch bekanntgab. Alle haben sich nach Androsch umgedreht, der auch da saß, mittlerweile mit einem hochroten Kopf. Er ist aufgestanden und gegangen, denn er hat seine Ablöse genauso über das Fernsehen erfahren wie wir.

Um die Konjunktur anzukurbeln, sollten die europäischen Regierungen Investitionen forcieren, die die Privatwirtschaft nutzen kann. Es hat keinen Sinn, die Zahl der Beamten zu reduzieren, denn damit würden die Arbeitslosenzahlen steigen und es gäbe noch mehr Pensionisten, die aus dem Budget bezahlt werden müssten. Im öffentlichen Bereich sollten die Kosten eingefroren und die Genehmigungsverfahren vereinfacht werden, damit Investitionen schneller umgesetzt werden können.

Österreich importiert derzeit Strom um rund eine Milliarde Euro. Es gäbe eine Reihe von Möglichkeiten, diesen Strom durch Wasserkraft selbst zu erzeugen. Wenn jedoch die notwendigen Verfahren nicht verkürzt und vereinfacht werden, dauert es zwei bis drei Jahre, bis eine derartige Investition greift. Gelingt es aber in kurzer Zeit, solche Projekte umzusetzen, kurbeln wir die Wirtschaft an und reduzieren gleichzeitig die Importe. Das bringt Wertschöpfung im Inland. Das Wasser, das sowieso bergabrinnt, bliebe nicht ungenützt. Wir hätten Stauräume bei den Zubringerflüssen zur Donau, vor allem im Mühlviertel. Man könnte diese Stauräume vergrößern und Pumpkraftwerke bauen. Wenn Strom in Hülle und Fülle da ist, pumpen wir das Wasser hinauf in die Speicher. Und wenn wir Spitzenstrom brauchen, schalten wir diese Kraftwerke voll ein. Aus meiner Urteilskraft heraus ist ein Wasserkraftwerk wichtiger als eine Straße.

Ein anderer interessanter Investitionsbereich ist der Gütertransport durch die Bahn. Diese muss als Transportmittel wettbewerbsfähiger werden. Es gibt ganz moderne Terminals, die auf die Verladung von Container konzipiert sind. Der Zug bleibt nicht einmal stehen, er rollt ganz langsam, während der Container vom Lkw auf den Waggon gehievt wird. Derartige Systeme haben wir leider nicht. Das Projekt der Rollenden Landstraße hat sich nicht bewährt. Da hier nicht die Container allein, sondern der gesamte Lkw-Zug verladen werden muss, sind die Kosten zu hoch. Die Verladung dauert zu lange, außerdem sind manche Tunnels, zum Beispiel auf der Pyhrn-Route, zu niedrig.

Ein weiterer sinnvoller Zukunftsbereich ist die Revitalisierung von Häusern. Wenn man beispielsweise 10.000 Ein- und Mehrfamilienhäuser thermisch saniert, entsteht ein Investitionsvolumen von circa 500 Millionen Euro. Dies bedeutet eine Wertschöpfung von 500 Millionen und bringt den öffentlichen Haushalten und Sozialversicherungsträgern Steuern und Abgaben von 211,5 Millionen Euro. Diese Sanierung erfordert ein Fördervolumen von 97,7 Millionen Euro. Das heißt, dass 113,8 Millionen Euro den öffentlichen Haushalten zur Budgetkonsolidierung verbleiben. Es entstehen weiters 6.250 Arbeitsplätze. Die Kaufkraft steigt, und es muss weniger für die Arbeitslosenunterstützung ausgegeben werden.

So wie diese Beispiele für Österreich gibt es ähnliche für Griechenland, Spanien, Portugal, Rumänien etc. Wenn sie sich aber nur auf die Gelder aus Brüssel verlassen, besteht die Gefahr, dass diese Länder nur das machen, wofür es Geld gibt, und nicht das, was nachhaltig und schnell wirkt. Förderungen sollen nur den ersten Anschub liefern und nicht zur Dauereinrichtung werden.

Um die Währungsschwankungen, die für Unternehmen oft ein Problem sind, in den Griff zu bekommen, sollten die Notenbanken Währungskorridore schaffen. Wenn die Gefahr besteht, dass dieser Korridor verlassen wird, dann sollten die Notenbanken eingreifen. Das britische Pfund wird auch immer schwächer, weil die britischen Regierungen den Weg des geringsten Widerstandes gehen, ausschließlich das Ziel im Auge, wieder exportieren zu können. Das Ergebnis ist, dass die Arbeitsproduktivität, die Effizienz der britischen Industrie und Wirtschaft ständig abnimmt. Die ehemalige Premierministerin Margaret Thatcher hat enorm gegen die Gewerkschaften polarisiert, aber die Arbeitsproduktivität wurde nicht gesteigert. Eine reine Polarisierung führt nicht zu mehr, sondern zu weniger Produktivität.

Es ist ein Fehler, dass Europa bisher noch nicht imstande war, eine eigene Ratingagentur ins Leben zu rufen. Die amerikanischen Agenturen waren durch ihre falschen Bewertungen der Kreditpapiere Mitverursacher der Immobilien- und Finanzkrise 2008. Sie haben im Zuge der Euro-Krise Spanien und Portugal in ihrer Kreditwürdigkeit herabgestuft. Aber Ratingagenturen sollten nicht nur den Status quo beurteilen, sondern den Gesamtprozess, wie ein Land, ein Konzern, ein Unternehmen „unterwegs" ist. Eine Fragestellung, die hier aufgegriffen werden sollte, lautet beispielsweise, ob das Land in der Lage ist, Maßnahmen, die es sich vornimmt, auch umzusetzen. Die Agenturen sollten also die dynamische Kraft in einem Unternehmen beurteilen, nicht nur dessen Zustand zu einem bestimmten Zeitpunkt.

Ich halte die Einführung einer Finanztransaktionssteuer zur Bekämpfung von Spekulation an der Börse für notwendig. Es ist falsch, so lange mit ihrer Einführung zu warten, bis eine weltweite Einigung erfolgt. Außerdem ist diese nahezu unmöglich, denn es wird sich immer ein Land finden, das sich dagegen ausspricht. Man sollte es in Kauf nehmen, dass man durch einen nationalen Alleingang kurzfristig einen Nachteil daraus zieht, denn die Spekulanten würden dann die betroffenen Finanzplätze meiden. Ich würde diesen Nachteil gern gegen eine Vereinfachung der Steuersysteme eintauschen und da und dort die Steuersätze senken. Denn so akzeptiert dies auch die Bevölkerung. Ich schaffe Mehrwert, der die wenigen Nachteile, dass sich zum Beispiel spekulative Volumina vom Finanzplatz verabschieden, aufwiegt. Wenn man den Mut zu dieser Entscheidung hat, vertreibt man die Spekulanten.

Um Ziele erreichen zu können, muss man wissen, was man will. Will man nachhaltige Stabilität, die Steigerung der Arbeitsproduktivität, die Einleitung dynamischer Prozesse bei Investitionen, oder will man alles haben? Man muss in Kauf nehmen, dass weniger spekuliert wird, denn die Renditen werden um den spekulativen Wertzuwachs reduziert. Das muss man aushalten. Man darf sich hier nicht von Investmenthäusern, von Investmentfonds, von so genannten Finanzdienstleistern, die beim Einstieg schon den Ausstieg kalkulieren, verführen lassen.

Man muss wissen, welche Rendite nachhaltig erwirtschaftbar ist und bei welcher Rendite man einen spekulativen Wertzuwachs benötigt. In letzterem Fall muss man wissen, ob hier die Investoren an den Börsen mitgehen oder ob sie nicht dazu fähig sind, weil sie nicht den notwendigen langen Atem haben. Wie hoch ist das Verführungspotenzial in einem Land? Verführen einige an der Börse mit Leerverkäufen die anderen? Regulierendes Eingreifen ist hier notwendig.

Es gilt, Extreme zu vermeiden, auch in Hinblick auf die Zinsniveaus. Zu niedrige Zinsen sind schlecht, weil die Gefahr besteht, dass zu viel Volumen spekulativ verwendet wird. Hohe Zinsen sind wiederum problematisch, denn dadurch werden die Wirtschaft, die Konsumenten und die Investoren gebremst. Niedrige Zinsen führen zu spekulativen Blasen. Sie verführen auch die öffentliche Hand, weil die Zinsenlast gering ist. Wie bereits erwähnt, vertritt der ehemalige Linzer Volkswirtschaftsprofessor Kurt Rothschild die Auffassung, dass wir bei zwei Prozent nicht mehr von Inflation, sondern von Deflation sprechen. Dabei ist es leichter, die Inflation zu bekämpfen als die Deflation. Weil für die Inflation haben wir genug Instrumente, so Rothschild, die erprobt sind. Bei der Deflation gibt es nur ein Instrument: Wachsen, wachsen und wieder wachsen.

Im vergangenen Jahr hatten wir Deflation. Es gab kein Wirtschaftswachstum, die Konjunktur brach auf minus 3,9 Prozent ein. Es ist äußerst gefährlich, wenn das Geld nicht in jene Kanäle kommt, die das Wachstum antreiben, sondern in Bereiche, die die Spekulationsblase aufblähen, bis sie platzt. Die Japaner erholen sich schon zehn Jahre lang nicht von ihrer Deflation.

Manche Ansätze volkswirtschaftlicher Theoretiker sind zu polarisierend. Der Vorschlag an diverse Regierungen, die Inflation bewusst auf vier bis sechs Prozent steigen zu lassen, um auf diese Weise den öffentlichen Sektor zu entschulden und den privaten Sektor zu belasten, finde ich problematisch. Das wird zu populistisch, macht es den Politikern zu leicht, nicht auf die Ausgabenbremse zu steigen, sondern sich durch eine höhere Inflation entschulden zu lassen. Politik ist eine Frage der Offenheit, verbunden mit Ehrlichkeit.

Die Amerikaner und Briten sind um ein Vielfaches stärker verschuldet als wir. Man geht davon aus, dass sich an dieser Situation in naher Zukunft nichts ändern wird. Um die Griechen mache ich mir nicht so viele Sorgen, denn die EU hat wieder einmal bewiesen, dass sie sich durch Stabilität auszeichnet, wenn es darauf ankommt. Die Wiederherstellung dauert natürlich eine gewisse Zeit. Das Problem lag bei der griechischen Regierung, denn sie hat den Hebel von Populismus auf Notwendigkeit umlegen müssen.

Spannend werden die Entwicklungen und Konsequenzen in Großbritannien. Die Schotten haben mit den Engländern keine wirkliche Freude, denn diese haben bereits sehr viel ruiniert, so zum Beispiel die Industrie oder ihr Gesundheitssystem. Die Engländer leben zu einem erheblichen Teil von den Finanzdienstleistungen, weshalb sie auch die Finanztransaktionssteuer so vehement ablehnen.

Kundenorientierung als Erfolgsprinzip
Wenn Kunden grenzüberschreitend tätig sind, dürfen auch wir keine Grenzen scheuen

Die Raiffeisenbank als Genossenschaftsbank – das war immer mein Credo – ist nicht Selbstzweck, sondern Mittel zum Zweck. Im Klartext heißt das, dass wir immer das tun, was Kunden brauchen. Oberster Marketinggrundsatz – so haben wir das vor Jahren formuliert – war, ist und bleibt: den finanziellen Spielraum unserer Kunden erhalten und wenn irgendwie möglich erweitern.

Wer seinem Kunden die ihm zustehende Aufmerksamkeit zuteil werden lässt, dafür sorgt und mithilft, dass er erfolgreich bleiben kann, der wird für sich selbst auch Erfolg verbuchen können. Wer sich unabhängig von Wertschöpfung, unabhängig davon, Mehrwert zu schaffen, mit spekulativem Wertzuwachs beschäftigt, läuft auf dünnem Eis.

Die Raiffeisenlandesbank orientiert sich an den Bedürfnissen ihrer Kunden – ein hohes Ziel, ein ehrgeiziges Ziel, vor allem in einer Zeit der offenen Grenzen mit globalen Chancen und Möglichkeiten. Wir orientieren uns an den Kunden, und wenn Kunden grenzüberschreitend tätig sind, sollten auch wir uns keine Grenzen setzen.

Eine Folge der Demokratisierung Osteuropas und der Beendigung des Kalten Krieges durch Michail Gorbatschow und Helmut Kohl war, dass die Grenzen aufgingen. Denn es liegt in der Natur der Demokratie, dass sie Grenzen öffnet. Grenzen wurden immer nur von totalitären Regimes gezogen oder auf Schlachtfeldern verschoben.

Ich habe das Begleiten unserer Kunden in größere Märkte stets als eine für die Kunden und damit auch für die Raiffeisenlandesbank Oberösterreich herausfordernde Chance gesehen. Wenn heute die Raiffeisenlandesbank mehr als 17.000 Firmenkunden nach Zentral- und Osteuropa begleitet und Österreich ein herzeigbares Exportland – mit all den Problemen, die damit verbunden sein können – geworden ist, dann ist eine Bank, die ganz nahe bei ihren Kunden bleibt, gefordert.

Es geht dabei nicht nur darum, Exporte zu finanzieren, Exporterlöse abzusichern, sondern vor allem auch darum, das Netzwerk zu erweitern, was wir in der Tat in Richtung Südrussland mit einem Kooperationsabkommen mit der Region Krasnodar auch umgesetzt haben.

Dabei begleiten wir viele Kunden, weltweit bereits über 16 Kooperationsbanken, mit denen wir so genannte Master-Agreements abgeschlossen haben, und über 1.669 Korrespondenzbanken. So ist es gelungen, über unser Kooperationsabkommen mit der ICBC (Industrial Commercial Bank of China) 686 Kunden nach China zu begleiten. China ist ein großer Markt, aber auch ein herausfordernder, ein schwieriger.

Ein weiteres Kooperationsabkommen haben wir mit der ICICI in Mumbai abgeschlossen und auch einen Repräsentanten namens Shah installiert. Auf diese Weise begleiten wir bereits 234 Kunden nach Indien. China und Indien sind riesige Märkte, auf denen sich unsere Kunden verlieren könnten, wenn wir ihnen nicht vor Ort über Kooperationsbanken, die viel Erfahrung und Kontakte haben, intensiv zur Seite stehen würden.

In diesem Zusammenhang gilt auch der Grundsatz: Überall dort, wo die kritische Menge und damit der Break-even nicht erreichbar sind, muss man kooperieren. Denn um alles selbst zu machen, fehlt die Erfahrung. Wir müssten ein zu hohes Risiko in Kauf nehmen und wir hätten zu den Planungs- und öffentlichen Stellen nicht die erforderlichen Kontakte. Über unsere Kooperationsbanken schaffen wir das jedoch in einer für unsere Kunden hervorragenden Art und Weise. Das Gleiche gilt auch für den amerikanischen Raum, wobei Südamerika immer wichtiger wird, im Besonderen Brasilien.

Mein Grundsatz lautet seit jeher: Man muss nicht überall das Rad neu erfinden. Kooperieren ist manchmal wesentlich vernünftiger als völlig Neues entstehen zu lassen. Unsere Entwicklung, unsere Ziffern sind ein Beweis dafür. So haben wir im schwierigen Jahr 2009 durch das Begleiten von mehr als 17.000 Kunden nach Osteuropa immerhin einen Cashflow von 86,9 Millionen Euro erreichen können und mussten lediglich 8,67 Millionen Euro Risikovorsorge treffen.

Der Fall des Eisernen Vorhangs wirkt wie eine Staumauer, die ihre Schleusen öffnet

Der Lebensstandard in Osteuropa wird steigen, jener in Westeuropa leicht sinken

Der niedrige Lebensstandard in Osteuropa wird sich langsam heben. Dies ist eine Folgeerscheinung vom Fall des Eisernen Vorhangs. Die Wirkung ist vergleichbar mit einer Staumauer, die ihre Schleusen öffnet und so den Wasserpegel steigen lässt. Der hohe Lebensstandard in Westeuropa wird leicht absinken. Es war falsch, dass man gegenüber Osteuropa zu schnell aufgemacht hat. Den Vorwurf der Osteuropäer der zu langsamen Öffnung halte ich für unberechtigt. Sie müssen Acht geben, dass sie nicht von Westeuropa weggeschwemmt werden.

Gegenüber Tschechien, Slowenien und der Slowakei war die schnelle Öffnung goldrichtig.

Doch nicht alle hatten dieses Glück, Ungarn ist zum Beispiel ordentlich ins Schleudern gekommen. Nicht, weil die Wirtschaft es nicht verkraftet hätte, sondern weil die notwendigen Reformen nicht eingeleitet wurden. Die Expertenregierung hat das geschafft. Die neu gewählte konservative Regierung muss den Weg der Reformen fortsetzen.

Jetzt müssen die Osteuropäer berechen- und kalkulierbarer werden, vor allem aber müssen sie eine saubere Administration schaffen, damit sie beim europäischen Prozedere, beim europäischen Geschehen mithalten können. Unsere Aufgabe ist es, offen auf sie zuzugehen, unsere innovativen und kreativen Leistungen anzubieten, aber nicht zum Nulltarif, damit die osteuropäischen Märkte uns auch weiterhin zum Bearbeiten offen bleiben und wir durch die Öffnung partizipieren können.

Es wird in der Europäischen Union notwendig werden, dass sich die kleinen Mitgliedsländer mehr als bisher absprechen, sich zusammenfinden, um gemeinsam eine kräftige Stimme in Brüssel und Straßburg entwickeln zu können. Uns Österreichern kommt hier eine wichtige Rolle zu. Wir sind ein kleines Land, vor uns braucht man sich nicht zu fürchten. Wir liegen geographisch am Rhein-Main-Donau-Kanal und haben daher eine ideale geographische Ausgangsposition. Wir verstehen die slawische Mentalität und tun uns leichter als manche Westeuropäer, auf osteuropäische Länder einzugehen, auf osteuropäische Mentalitäten Rücksicht zu nehmen. Wir Österreicher sind auch in der Lage, schnell zu disponieren, schneller als andere zu improvisieren, und sind daher in Summe anpassungsfähiger.

Wichtig ist, dass wir Forschungsergebnisse zustande bringen, die uns auszeichnen, damit wir so in die Lage kommen, Leistungen zur Verfügung zu stellen, die in Osteuropa benötigt werden. Aus österreichischer Sicht dürfen wir nicht herrschen, sondern dienen.

Im Umgang mit Russland braucht es Zeit
(mit einem Beitrag von Michail Gorbatschow)

Wir müssen die alten Klischees aus der Nachkriegszeit korrigieren. Nach 1945 waren die Amerikaner unsere Freunde und die Russen unsere Feinde. Diese Bilder müssen wir überdenken. Nicht dass die Amerikaner heute unsere Feinde sind, aber die Entwicklung ist nicht stehen geblieben. Die Amerikaner denken in erster Linie an sich und an ihre nationalen Interessen. Aus diesem Denken heraus gestalten sie ihre internationalen Beziehungen.

Die Mentalität der Russen hat Franz Josef Strauß einmal ganz treffend charakterisiert. Der Russe wird nicht ohne Grund als Bär bezeichnet. Der Bär hat ein enormes Sicherheitsbedürfnis. Einem Bären darf man nicht zu nahe kommen, sonst schlägt er um sich. Ein Bär ist aber an sich zurückhaltend, er greift nur an, wenn er sich gefährdet sieht. So sind die Russen. Auf sie muss man zugehen. Man muss sie einbinden, denn ein vereinigtes Europa ohne Russland ist nicht denkbar. Das hat der frühere Präsident Michail Gorbatschow mehrfach betont.

Die Russen wiederum müssen Acht geben, dass sie ihre Wirtschaft, ihre Finanzwirtschaft, ihre Politik, ihre Gesetzgebung und ihre Kriminalitätsrate in den Griff bekommen und sich nach der westlichen Marktwirtschaft ausrichten. Es war falsch von Boris Jelzin, von der totalen Planwirtschaft in die totale Marktwirtschaft zu springen. Die Russen brauchen eine mehrgeschoßige Marktwirtschaft, bei der die Grundbedürfnisse der Menschen nicht dem freien Markt überlassen werden dürfen. Auch ihr Ziel muss die soziale Marktwirtschaft sein. Die europäischen Staaten sollen Hilfe leisten, diese Entwicklung zu fördern. Aber einige der neuen östlichen EU-Mitgliedsstaaten wie Polen, Ungarn, Tschechien haben noch immer ein gestörtes Verhältnis zu Russland.

Die Amerikaner, die Chicago-Boys, sind das Gegenteil. Sie sind kurzlebig und legen auf Nachhaltigkeit keinen Wert. Alles ist Shareholder-Value-getrieben, das reicht bis zu den Buchhaltungsmethoden. Wenn es zu Rückschlägen kommt, verfügen sie über keine Reserven. Die Ratingagenturen haben dieses Denken nach Europa transportiert. Die Briten haben sich missbrauchen lassen.

Die Amerikaner lernen nicht aus der Geschichte. Sie haben den Koreakrieg und den Vietnamkrieg verloren, sie haben große Probleme in Afghanistan und im Irak. Seit dem Angriff auf das World Trade Center am 11. September 2001 haben sie eine große Angst vor dem Terror. Die Amerikaner neigen zur Übertreibung und setzen auf Gewalt. Dadurch haben sie weltweit viel Sympathie eingebüßt. Außenminister Henry Kissinger war eine wohltuende Ausnahme, er setzte auf Diplomatie. Die EU benötigt aber die USA, weil sie in der Sicherheitspolitik schlecht aufgestellt ist. Das stellt ein großes Problem dar. Der deutschen Armee sind aufgrund des Grundgesetzes bestimmte Bewaffnungen verboten. Das ist ein Problem für ihre Soldaten in Afghanistan, denn sie sind nicht ausreichend ausgerüstet. Das deutsche Grundgesetz ist ein großes Manko für eine gemeinsame europäische Sicherheitspolitik. Wenn man im bosnischen Tuzla landet, sieht man viele amerikanische Black-Hawk-Hubschrauber. „Lasst sie stehen", sagen die Bosnier, „solange sie da sind, fühlen wir uns vor den Serben sicher." Das ist eine Blöße für die EU.

Ich halte in Bezug auf das Wirtschaftsleben mehr von den Russen als von den Amerikanern. Russland hat den Nachteil, dass das Unternehmertum nie gepflegt worden ist. Es gab und gibt keinen breiten Mittelstand. Weder unter den Zaren noch unter Stalin noch unter Breschnew. Gorbatschow hat die Banderole geöffnet, und wer sie öffnet, kommt durch sie um. In Russland herrscht jetzt die Clanwirtschaft, die Oligarchen. Ministerpräsident Wladimir Putin versucht zurückzurudern. Um das zu schaffen, sind leider andere Methoden notwendig als jene, die wir gewohnt sind.

Im Umgang mit Russland müssen wir dazulernen. Das Allerwichtigste ist, sich Zeit zu nehmen. Wir haben das verlernt, weil wir uns die amerikanischen Schulen und Methoden zu eigen gemacht haben. Aber es braucht Zeit, um die russische Mentalität zu verstehen, um zu wissen, mit welchen Geschäftspartnern man kann und mit welchen nicht. Man muss herausfinden, ob jemand fleißig, ehrlich und systematisch arbeitet. Manche setzen vor Ungeduld auf die falschen Partner und erleiden Schiffbruch. Mit ihren negativen Erfahrungen verunsichern sie alle, die überlegen, sich ebenfalls in Russland zu engagieren.

Ganz entscheidend ist, dass wir mit den jungen Menschen beginnen. Dass die Universitäten untereinander in Kontakt treten. Als Vorsitzendem der Johannes Kepler Universität ist es mir ein Anliegen, dass wir Partnerschaften mit Krasnodar (Südrussland), St. Petersburg und mit Minsk eingehen. Die russischen Studenten kommen für zwei Semester nach Linz. Firmen sollen ihnen Praktikumsplätze anbieten. Ich zahle den Praktikanten in der Raiffeisenlandesbank den Aufenthalt. Wichtig ist, dass die Studenten unsere Kultur und Mentalität kennen lernen. Wie geht es hier zu? Wenn diese Studenten in ihrer Heimat ins Management wechseln, haben wir Österreicher viel bessere Chancen als andere Länder Europas.

Rund zehn Prozent der Russen verdienen viel Geld. Dieser schnelle Reichtum verdirbt den Charakter des einen oder anderen, so mancher wird korrupt. Wenn man auf so jemanden stößt, hat man ein Problem. Ideal sind junge, gescheite, unverdorbene Partner. Viele russische Studenten lernen jetzt Deutsch. Manche sprechen schon fließend unsere Sprache.

Michail Gorbatschow, der frühere Präsident der ehemaligen UdSSR, war zweimal auf meine Einladung hin zu Gast in Linz. Er hat dabei seine Erwartungen an das Verhältnis zwischen der EU und Russland folgendermaßen definiert:

> „Europa ist eine glückliche Insel in der Welt. Aber auch Europa kann sich nicht weiterentwickeln ohne Zusammenarbeit und ohne Beziehung zu den anderen Ländern. Denn es könnte eines Tages zum Bumerang werden, wenn die Situation in jenen Ländern, die sich in der wirtschaftlichen und sozialen Krise befinden, eskaliert. Deshalb glaube ich, dass Europa eine große Verantwortung für die Prozesse, die auf der Welt vor sich gehen, übernehmen muss, dass es Lokomotive und Motor für eine Neugestaltung und den Bau einer neuen Weltwirtschaftsordnung sein kann. Auch zur eigenen Rettung sollte Europa über den Rest der Welt nachdenken.
>
> Ich bin sicher, dass Europa seine Rolle dann wird erfüllen können, wenn es sich um ein vereinigtes Europa handelt. Aller-

dings ist auch die Sorge nicht unberechtigt, dass die Gefahr neuer Trennlinien besteht. Neue Trennlinien dürfen wir jedoch auf dem europäischen Kontinent nicht zulassen. Es gibt historische und kulturelle Unterscheide zwischen den europäischen Staaten. Es gibt verschiedene Entwicklungsniveaus. Aber abgesehen von allen diesen Unterschieden muss sich Europa doch der fundamentalen Aufgabe stellen, nämlich der Vereinigung des Kontinents. Ein Europa, das nicht geeint ist, kann seine Rolle, Motor für Veränderungen zu sein, nicht erfüllen. Das aber würde den gesamten Prozess, den Übergang zu einer neuen Weltwirtschaftsordnung sehr stark verkomplizieren.

Eine sehr wesentliche Frage stellt sich: Russland und Europa, wie können neue Trennlinien verhindert werden? Es ist eindeutig, dass der Erfolg Europas sehr stark davon abhängt, wie die Beziehungen zu Russland und dem restlichen Teil von Europa gestaltet werden können. Eines ist jedenfalls unumstritten: Ohne Russland kann eine sinnvolle und zukunftsorientierte Einigung Europas nicht zustande kommen. Ebenso bin ich der Meinung, dass die Vereinigung Europas ohne Amerika nicht geschafft werden kann. Deshalb sollten alle verstehen, dass wir vor einer einzigartigen Aufgabe stehen: der Vereinigung Europas mit fruchtbringenden Auswirkungen auf alle globalen Prozesse.

Die Zeit ist gekommen, in der die Zusammenarbeit zwischen Russland und der EU auf ein neues qualitativ hochwertiges Niveau gebracht werden muss. Ich glaube, dass man das lösen könnte, indem man Russland den Status eines assoziierten Mitgliedes der EU einräumt. Russland würde große Verantwortung und Verpflichtung auf sich nehmen, ebenso wie die anderen Mitglieder der EU. Und ungelöste Fragen könnten Schritt für Schritt gelöst werden. Präsident Putin hat nach dem 11. September 2001 offen vor der Welt und dem russischen Volk erklärt, dass Russland auf eine Zusammenarbeit mit dem Westen, vor allem mit Westeuropa, ausgerichtet ist. Das ist eine Antwort gewesen auf die Frage nach der Zukunft Russlands und ein neuer Standpunkt. Und es ist eine neue Chance, sowohl für Russland als auch für Europa.

Nach Beendigung des Kalten Krieges wurden die Chancen fast vertan, und es darf nun nicht mehr passieren, dass wiederum nur Fragen und Fragen ohne entsprechende Antworten entstehen und dass alle Probleme nur in bürokratischen Strukturen erörtert werden, ohne dass der politische Wille zum Tragen kommt. Deshalb weise ich nochmals darauf hin, dass es ein guter Schritt wäre, die Frage nach einem Status Russlands als assoziiertes Mitglied der EU einer ernsten Prüfung zu unterziehen.

Im Zusammenhang mit der Annäherung Russlands an Europa stellt sich auch die Frage nach der europäischen Sicherheit und damit nach dem Verhältnis Russlands zur NATO. Ich möchte dabei ins Gedächtnis rufen, dass seinerzeit eine gesamteuropäische Sicherheitsarchitektur für Europa geplant worden ist. Dieses Projekt ist jedoch wieder vollkommen vergessen worden. Die Zeit ist allerdings jetzt reif und es besteht auch weitgehend Verständnis dafür, dass wir uns in Richtung einer koordinierten gesamteuropäischen Sicherheitspolitik bewegen. Deshalb ist es unerlässlich, dass Russland in die Entscheidungen, die zu Lösungen von Sicherheitsproblemen führen, eingebunden wird. Ich glaube, dass diese Entwicklung richtig ist, und möchte mich daher dafür aussprechen, dass ein profundes europäisches Sicherheitsprojekt tatsächlich realisiert wird.

Große Möglichkeiten eröffnen sich heute für eine intensivere Zusammenarbeit auf wirtschaftlichem Gebiet zwischen europäischen Ländern und Russland. Hat es bisher aufgrund der rechtlichen Bedingungen eine langsame Entwicklung gegeben, so wurden nunmehr die Gesetzgebung und die Steuerpolitik modernisiert. Damit haben sich die Möglichkeiten sowohl für inländische als auch für ausländische Investoren wesentlich verbessert. Die Gesetze werden weiter vervollkommnet. Gleichzeitig wird auch der Kampf gegen die Korruption fortgesetzt und intensiviert, sodass der Staat mehr und mehr die Situation kontrolliert. Denjenigen, die heute nach Russland gehen wollen, kann ich versichern, sie können ruhigen Gewissens kommen und erfolgreich arbeiten.

Die österreichische Geschäftswelt kann im Vergleich zu manchen anderen Ländern in Russland leichter agieren, weil die Beziehungen Russlands zu Österreich schon seit jeher konfliktfrei waren. Seit Jahrzehnten gibt es Freundschaft und Vertrauen zwischen den beiden Staaten, deshalb glaube ich, dass jetzt für österreichische Unternehmen der richtige Zeitpunkt gekommen ist, am russischen Markt zu investieren. Der russische Markt ist riesengroß, aufnahmefähig, und Modernisierungsinvestitionen werden sehr ernst genommen."

Michail Gorbatschow erzählte folgende Begebenheit:

„Ich bin in Mainz von einem jungen Mann gefragt worden: ‚Können Sie verstehen, dass für uns die Frage des Eintritts von Russland in die EU ein sehr großes und ernstes Problem ist? Wir haben einfach Angst vor Russland!' Ich habe ihm darauf geantwortet: ‚Haben Sie auch Angst vor einem modernen, sehr mächtigen vereinten Deutschland? Warum haben Sie davor keine Angst? Wohl deshalb, weil es ein neues, demokratisches Deutschland ist. Russland hat aber auch den Weg der demokratischen Veränderung beschritten, um ein freies und offenes Land zu werden, in dessen Zentrum der Mensch und seine Probleme stehen. Kann ein solches Russland gefährlich für Europa sein?'"

China ist ambivalent
Für die Chinesen ist es problematischer, das Gesicht zu verlieren als Geld

China ist für mich ambivalent. Wirtschaftlich ist das Land sehr stark, seine Exporte sind erstaunlich. Die Chinesen verfügen über einen großen Handelsbilanzüberschuss, mit dem sie amerikanische Staatsanleihen kaufen. Doch jetzt beginnen sie weltweit, Rohstoffunternehmen und -lager zu erwerben, weil sie eine Abwertung des Dollar befürchten. Zudem investieren sie in westliche Firmen, um sich die entsprechende Technologie anzueignen. Sie wollen damit die Wertschöpfung im Inland schlagartig erhöhen.

China ist ein Billiglohnland mit seinem sehr differenzierten Wohlstand, mit schlechter medizinischer Versorgung und mit geringen Sozialleistungen. Zwischen den Landregionen und den Ballungsräumen besteht ein enormes Lohn- und Sozialgefälle. Die Frage ist, ob das System diese Spannungen im Land aushalten kann oder ob es wieder einmal eine Revolution geben wird.

Die Chinesen sind kluge Menschen. Um das erreichte Wirtschaftsniveau zu stabilisieren und auszubauen, muss das System gewisse demokratische Zugeständnisse machen. Denn für moderne Technologien und Wertschöpfungstiefe bedarf es kreativer Menschen, die wiederum Freiheit brauchen. Gleichzeitig müssen die Herrschenden vorsichtig sein, dass es weder zu einem Aufstand noch zu einer übertriebenen Steuerung kommt, die die begonnene Entwicklung hemmen könnten.

Mental müssen die Chinesen noch einiges lernen. Ihre Entscheidungswege sind oft sehr, sehr lang. Die Planungsstellen sind zu dirigistisch. Sie regieren noch zu sehr über die Politbüros in die Betriebe hinein, was Nachteile mit sich bringt. Auf der anderen Seite sind sie aber so clever, dass sie westliche Technologie kaufen.

Was bedeutet das für uns?

Wir müssen stets um zwei Schritte voraus sein, dann ist Chinas Konkurrenz für uns kein Problem. Wir können davon ausgehen, dass sich kein österreichischer Ingenieur mit Begeisterung in China ansiedelt. Er geht maximal zeitweise nach China oder er holt Chinesen nach Europa, um sie einzuschulen.

Ähnlich wie bei den Beziehungen zu Russland müssen wir auch im Verhältnis zu China auf die Jugend setzen. Junge Menschen sind grundsätzlich offener und noch formbar. Eine zentrale Rolle spielt dabei der Jugendaustausch. Als ich mit den Chinesen wegen des Verkaufs des Flugzeugteileproduzenten FACC verhandelt habe, war unsere chinesische Mitarbeiterin immer dabei. Mit ihrer Hilfe konnte ich die Stimmung des chinesischen Verhandlungspartners einschätzen. Bei diesen Gesprächen war es von oberster Bedeutung, nicht ungeduldig zu werden. Die Chinesen benötigen Zeit, denn für sie ist dies eine Strategie der Absicherung. Kein chinesischer Gesprächspartner wird etwas zusagen, ohne sich vorher bei seiner vorgesetzten Stelle abgesichert zu haben.

Von den Chinesen können wir lernen, Geduld zu haben und dafür Sorge zu tragen, dass niemand das Gesicht verliert. Die Chinesen können sich als äußerst zähe Verhandlungspartner herausstellen, sie verhalten sich dann oft, als wären sie von einem Panzer umgeben. Manchmal wollen sie überhaupt nicht, und nicht selten weiß man nicht genau, warum. Wie Schildkröten ziehen sie sich dann in ihre Panzer zurück und man hat wenig Chance, sie wieder zu erreichen. Möglicherweise ist das eine Reaktion auf die Sorge, am Ende als „Verlierer" dazustehen. Das Gesicht zu verlieren, bedeutet für Chinesen eine schlimmere Niederlage als alles andere.

Um den Aufstieg Chinas und Ostasiens qualifiziert zu beschreiben, habe ich meinen Freund Helmut Sohmen, Vorsitzender der World Wide Shipping Agency Limited mit Sitz in Hongkong, um einen Beitrag gebeten:

Die Chinesen denken prinzipiell positiv und konstruktiv

Beitrag von Helmut Sohmen über den Aufstieg Ostasiens

Helmut Sohmen ist 1939 in Linz geboren, er studierte an der Universität von Connecticut. Dort lernte er seine Frau Anna Pui Pao kennen, die älteste Tochter eines chinesischen Reeders in Hongkong. 1986 wurde er Chef der World Wide Shipping Group, 2003 erwarb er die Mehrheit an der Bergesen-Flotte und nennt das Unternehmen seither Bergesen World Wide. Sohmen war Präsident der Hongkonger Handelskammer und sitzt der österreichisch-chinesischen Freundschaftsgesellschaft vor. Er gründete eine Stiftung, die jungen Österreichern zum Aufenthalt in Fernost verhilft.

Das viel zitierte „Pazifische Zeitalter“ scheint wieder einmal auf dem Weg, Realität zu werden. Die jüngste Wirtschaftskrise, ausgelöst durch eine intensive Finanzkrise in den Vereinigten Staaten und neuerlich fortgesetzt durch die Schwierigkeiten in der Euro-Zone, hat den fernöstlichen Wirtschaften neue Impulse gegeben. Viele haben in ihren Finanz- und Währungspolitiken mit Erfolg die Konsequenzen aus der Asienkrise der Jahre 1997–1999 gezogen.

Die meisten der so genannten „emerging market economies“ in Südasien und in Fernost, aber auch in anderen Weltteilen erleben im Gegensatz zu der übrigen Welt beachtliches Wirtschaftswachstum, ein sich verbesserndes Investitionsklima, anhaltende Beschäftigungsquoten und steigenden Wohlstand. Ausnahmen bleiben in Asien der Außenseiter Nordkorea, die Nationen in Indochina und ein weiterhin enttäuschendes Japan. Demographische Entwicklungen, soziale Traditionen und eine relativ schwache politische Führung halten Japan schon über zwei Jahrzehnte lang zurück, trotz seiner unzweifelhaften industriellen Schaffenskraft und der breiten Basis guter Erziehung im Land.

Dagegen hat China in der Zeit seit seiner Öffnung nach außen im Jahre 1979 große Fortschritte gemacht und sich besonders in den allerletzten Jahren zu einem in der Weltwirtschaft bedeutsamen Mitspieler entwickelt. Der Beitritt zur Welthandelsorganisation (WTO) 2001 war ein zusätzlicher Anstoß für die stärkere Integration Chinas in das globale Umfeld.

China ist heute der größte Handelspartner der Europäischen Union und hat Deutschland als stärkste Exportnation der Welt abgelöst. Es agiert als der größte Kreditgeber der USA und hat Devisenreserven von fast drei Trillionen US-Dollar angesammelt. Man erwartet eine weitere Stärkung der chinesischen Währung, des Renminbi. Chinas steigende Importe an Rohstoffen, vor allem an Eisenerz, Kohle, an Rohöl und Ölprodukten und an Gas, fungieren als wichtige Pfeiler für die wirtschaftliche Entwicklung in den Herkunftsländern wie Australien, Brasilien oder in Nationen im Mittleren Osten und Zentralasien. Auch die internationale Schifffahrt profitiert maßgeblich von diesen wachsenden Handelsströmen, insbesondere im Großraum-Trockenfracht-Geschäft.

Chinas Wirtschaftswachstum in den letzten Jahren betrug im jährlichen Durchschnitt an die neun Prozent. Das schnell geschnürte Stimulierungspaket als Antwort auf die Krise von 2007/2008 wurde mit vier Milliarden US-Dollar angesetzt, zur Kompensation ausfallender Exporte, zum Aufbau der internen Infrastruktur und zur Förderung des Inlandskonsums. Vor allem der beschleunigte Ausbau der Transportnetze im ganzen Land, die Stärkung der Energiebasis durch die Konstruktion neuer Kraftwerksbauten und verstärkte Anstrengungen zur Verbesserung des Umweltschutzes sind hier zu erwähnen. China ist heute der größte Stahlproduzent der Welt, es wird bald der größte Konstrukteur an neuer Schiffstonnage überhaupt sein und etwa 2013 Korea und Japan überrunden.

Chinesische Unternehmen, sowohl solche im Staatsbesitz einschließlich der großen Banken als auch private Firmen, engagieren sich in zunehmendem Maß auch im Ausland: durch Börsengänge, durch Überseeinvestitionen aller Art, durch physischen Einsatz in Handel und Gewerbe in Märkten wie Südostasien, Australien, Afrika, Südamerika, Kanada.

Hongkong insbesondere profitiert davon als wichtiger Finanz- und Handelsplatz – übrigens eine wichtige Änderung in der historischen Rolle Hongkongs, die überseeische Beobachter und Regierungen oft zu übersehen scheinen, beispielsweise wenn sie ihre diplomatischen Vertretungen nur auf das chinesische Festland konzentrieren. Die große chinesische Diaspora in der Welt hilft beim Aufbau der Kontakte, und nicht nur Chinas wirtschaftlicher Muskel, sondern auch seine zunehmende Reputation als stabile und wichtige Partner-Nation im internationalen politischen Geschehen fördert den Eintritt des Landes in die Wirtschaften anderer Staaten durch direkte Investitionen oder den Ausbau von Niederlassungen und die Beteiligung an inländischen Infrastrukturprojekten.

Die Motive für einen chinesischen Übersee-Einsatz sind vielfältig. Die chinesischen Autoritäten sind sich der Bedeutung der Kontrolle des garantierten Zugangs zu strategischen Materialien natürlich voll bewusst, denn sie wollen das starke wirtschaftliche Wachstum des Landes erfolgreich fortgesetzt sehen. Gleichzeitig wird beim zusätzlichen Anschwellen der Devisenreserven die Notwendigkeit der Diversifikation des Risikos immer größer. Nicht zuletzt finden es viele der großen Unternehmen in China aus rein betriebswirtschaftlichen Gründen und im Hinblick auf die weiterschreitende Globalisierung zunehmend nötig – genau wie ihre Schwestern in den Entwicklungsländern –, sich international zu vernetzen. Der Ankauf des privaten Computerbereiches von

IBM durch die chinesische Firma Lenovo vor einigen Jahren ist hier nur eines der Beispiele.

China muss auch damit rechnen, dass mit der eventuellen Aufgabe des großen Kostenvorteils durch die billigen Arbeitskräfte im Lande – ein sich anbahnender Prozess – die direkten Investitionen aus dem Ausland nachlassen könnten und damit auch die Transfers an neuen Technologien in das Land. Aus demselben Grund ist es der chinesischen Regierung klar, dass sie weiterhin die Förderung von einheimischer Erziehung, Forschung und Entwicklung stark und anhaltend forcieren muss, vor allem auch und konzentriert in den Inneren Provinzen. Sie tut dies sowohl durch die Entsendung von Millionen Studenten an ausländische Schulen und Universitäten als auch durch Unterstützung von Basis-Research und den gezielten Ausbau des nationalen Erziehungssystems auf allen Ebenen.

Die Sorge anderer Nationen, dass China im Hinblick auf seinen wirtschaftlichen Erfolg, seine geographische Lage und seine militärische Stärke zunehmend eine kontrollierende Position nicht nur im Fernen Osten, sondern global einnehmen könnte, ist verständlich, aber nicht unbedingt realistisch.

Trotz steigender Budgets für das Militär – auf das sich die Kommunistische Partei Chinas letztlich verlassen muss und dessen Loyalität sie braucht – hinkt China weiterhin den großen entwickelten Ländern nach. Der Einsatz von Kapital im Ausland unterliegt im Übrigen sehr häufig lokalen Beschränkungen, die normalerweise ins Spiel gebracht werden, sofern man bei versuchten Investitionen durch Ausländer nationale Gefahren zu erkennen glaubt. Ein chinesischer Versuch des Ankaufs einer Ölgesellschaft in Nordamerika scheiterte vor einigen Jahren daran.

Diese Regeln sollten allerdings in aller Fairness für alle potenziellen Investoren gelten. Und wo es offene Wettbewerbsmöglichkeiten gibt, müssen alle anderen Interessenten bereit sein, die jeweiligen Marktpreise zu akzeptieren, anstatt mit emotionalen Argumenten die Tatsache zu verschleiern, dass sie preislich nicht imstande sind, mit den Chinesen zu konkurrieren.

Die zunehmenden chinesischen Touristenströme werden in allen Ländern gerne gesehen. Und man beklagt sich selten über die in China hergestellten billigeren Kameras, Mobiltelefone oder Frachtschiffe. China wird in letzter Zeit des Öfteren bezichtigt, durch seine Währungspolitik das weltwirtschaftliche Handelsgleichgewicht gestört zu haben oder zu stören. Die Situation ist allerdings komplex, und es kommt sehr darauf an, von welcher speziellen Perspektive das Problem analysiert wird, bevor man zu einer adäquaten Schlussfolgerung kommen kann.

China hat natürlich auch intern Schwierigkeiten, deren Überwindung zum Teil noch einige Zeit brauchen wird. Ein früher immer sehr brisantes Thema, die Taiwan-Frage, hat sich in jüngster Zeit allerdings politisch beruhigt. Sowohl die politischen als auch die wirtschaftlichen Verbindungen zwischen Taiwan und dem Festland verbessern und verbreitern sich ständig. Dies ist eine Folge des Regierungswechsels in Taiwan, die einen Abklang in der öffentlichen Argumentation zu Gunsten einer taiwanesischen Unabhängigkeit mit sich brachte. Es ist allerdings noch nicht klar, welche Form eine konfliktfreie Koexistenz der beiden Gebiete langfristig annehmen wird. Die Lösung Hongkong/Macao in den Jahren 1997 und 1999 ist nicht unbedingt für Taiwan anwendbar. Die verstärkten physischen Verbindungen – Handel, direkter Luft- und Schiffsverkehr – und die regelmäßigen gegenseitigen Besuche auf hoher Ebene geben heute Anlass zur Hoffnung, dass eine militärische Auseinandersetzung immer weniger wahrscheinlich ist.

Chinas nationale Probleme werden in den Weltmedien oft kolportiert, manchmal allerdings journalistisch übertrieben oder allzu unkritisch betrachtet. Politische Spannungen gibt es in vielen Ländern, ebenso wie Probleme mit ethnischen

Minderheiten, ebenso wie kriminelle Akte, Korruption oder ungerechte Entscheidungen der Justiz oder der administrativen Organe. Es ist immer eine Frage des Vergleichs und der Relativität sowie einer Notwendigkeit der Einsicht in die historischen und kulturellen Hintergründe eines Staatsverbandes und dessen Ziele und des Verständnisses für den notwendigen Zeitablauf. China ist keine Demokratie westlicher Prägung und wird es vielleicht auch nie werden.

Aber China will durchaus ein moderner Staat sein, und die Zentralregierung versucht mit großer Konsequenz und großer Entscheidungsfreude und nicht ohne Erfolg, die gegebenen Schwierigkeiten zum Vorteil der Mehrheit des Volkes zu meistern, die Rechtssicherheit zu festigen und bestehende Missstände zu bereinigen. China reagiert auf konstruktive Kritik, folgt guten Ratschlägen und passt sich – gerade im geschäftlichen Bereich – schnell den internationalen Modalitäten an, solange Souveränität, innerer Entscheidungsspielraum und die Autorität der Regierung nicht in Frage gestellt werden. Der Vergleich mit anderen asiatischen Ländern drängt sich auf, und es ist vielleicht nicht überraschend, dass nicht wenige der asiatischen Nationen China mehr und mehr als Vorbild für eigenständige Politik ansehen.

Die Ressource- und Umweltprobleme in China sind nach wie vor gewaltig, aber sie werden sich langfristig lösen lassen. Wie bei der Ein-Kind-Politik bewiesen, werden Notwendigkeiten als solche real eingeschätzt und relativ schnell adressiert, auch wenn manchmal mit sozialen Schmerzen verbunden. Man bleibt vor allem flexibel und scheut sich nicht vor Reformen. Die Chinesen denken prinzipiell positiv und konstruktiv, ein wesentlicher Grund für die erzielten Erfolge des Landes während der letzten Jahrzehnte.

Im Vergleich zu China wird Indien zum Beispiel größere Schwierigkeiten auf dem Weg zur Modernisierung haben, denn die Traditionen sind dort noch wesentlich stärker verankert.

Aber auch Indien ist langsam „on the move“ und wird zusammen mit den fortschrittlichen Ländern des Fernen Ostens, wie Südkorea, Indonesien, Malaysien, Vietnam, den Philippinen sowie den sprichwörtlichen „Tiger Economies“ Singapur, Hongkong und Taiwan, in der weltwirtschaftlichen Ordnung in den nächsten Jahren einen prominenteren Platz einnehmen.

Indonesien vor allem sollte für Anleger auch aus Europa im Auge behalten werden, denn mit zunehmender Stabilität in der politischen Führung, mit einem jüngeren und ambitionierten Mittelstand, einer Affinität zum islamischen Einflusskreis und einer großen Bevölkerung hat das Land beträchtliche Aufbauchancen. Malaysien und die Philippinen haben ähnliche Voraussetzungen und daher ähnliche Chancen für Wachstum. Auf den Philippinen aber leidet das politische System an zu wenig Transparenz und an zu vielen lokalen Rivalitäten. Obwohl von der Wirtschaftskrise nicht ganz unberührt, machen Hongkong, Singapur und Taiwan trotzdem insgesamt gute Fortschritte. Als Billigland bleibt Vietnam im Visier von vielen internationalen Unternehmen und wird als Standort sogar oft als Alternative zu China genannt.

Als Ausnahme von dieser Gruppe sieht man im Augenblick Thailand, das mit innenpolitischen Auseinandersetzungen konfrontiert ist und wegen der Änderungen nach einem Wechsel in der Position des verehrten Monarchen etwas ungewiss in die Zukunft blickt. Japan und seine Ängste wurden schon erwähnt. Ein Bruderkampf auf der koreanischen Halbinsel ist nicht völlig auszuschließen, aber nicht ganz so offenkundig wie manche Beobachter dies voraussagen. Beide Seiten und deren Verbündete sind sich der katastrophalen Folgen eines Krieges für die gesamte Region voll bewusst.

Man spricht nach wie vor von den Chancen der Schaffung eines gemeinsamen fernöstlichen Marktes, obwohl es nach vielen Anläufen bisher nicht so scheint, als ob solche Pläne bald von Erfolg gekrönt sein werden. Die zehn Mitglieder umfassende Association of Southeast Asian Nations (ASEAN) trifft sich auf oberster Regierungsebene regelmäßig, hat aber viele interne Schwierigkeiten mit der Formulierung akzeptabler kollektiver Politiken und gemeinsamer Entwicklungspläne. Die Differenzen in den einzelnen Ländern und deren Systemen bestehen weiterhin und sind auch in der Vergangenheit nicht allzu erfolgreich überbrückt worden. Der zunehmende Einfluss der Volksrepublik China auf das Geschehen in der Region ist nicht zu verkennen. Er kann sich im Laufe der nächsten Jahrzehnte nur verstärken. China löst in dieser Rolle auch Japan ab und bietet dem traditionellen Einfluss der USA in der Gegend ein asiatisches Gegengewicht, obwohl in der Frage eines Wirtschaftsbundes im Fernen Osten die Amerikaner und Chinesen wahrscheinlich ähnliche Ansichten vertreten.

Es ist interessant festzustellen, dass sich die verschiedenen anderen Versuche und die Schaffung neuer Institutionen mit dem Ziel einer Stärkung der regionalen Kooperation trotz beträchtlichem Personal- und Kostenaufwand als nicht allzu erfolgreich erwiesen haben. Der APEC-Prozess (Asia Pacific Economic Cooperation) und ASEM (Asia-Europe Summit Meeting) verfolgen weiterhin das Ritual regelmäßiger staatsmännischer Zusammenkünfte, produzieren aber am Ende relativ wenige substanzielle oder neue Aktionsprogramme.

Früher einflussreiche private regionale Organisationen (wie das Pacific Basin Economic Forum oder der Pacific Economic Cooperation Council) haben schon seit Jahren an Einfluss verloren und überlassen die Netzwerkbildung und die Kommunikationsverantwortung rein kommerziellen Interessen. Konferenzen, Seminare, Analysen und Konsultationen aller Art sind auch in Asien voll entwickelt und erlauben den Geschäftstreibenden Zugang zu relevanten Informationen.

Die Migration von qualifizierten Arbeitskräften und Experten über die Staatsgrenzen hinweg nimmt auch in Fernost ständig zu, auch nach und von China.

Die Regierungen in der Region arbeiten auf der Basis von bilateralen Arbeitsabkommen und/oder administrativen Arrangements auf vielen Gebieten eng zusammen. Dies alles scheint darauf hinzudeuten, dass die Notwendigkeit der Errichtung regionaler Institutionen ziemlich abgenommen hat. Man ist einfach etwas realistischer geworden. Die gegenwärtigen Probleme in der Euro-Zone sind selbstverständlich auch in Asien bekannt. Es ist nicht anzunehmen, dass sie im Fernen Osten zu neuen Impulsen oder Initiativen anregen werden, bald eine Art Europäische Union auf die Beine zu stellen.

Ein Novum der letzten Jahre ist die engere Verknüpfung Ostasiens mit den Wirtschaften Australiens und Neuseelands. Vor allem Australien als wichtiger Rohstoffproduzent für China und Neuseeland als Nahrungsmittel- und Holzproduzent haben sich stark profiliert. Es ist zu erwarten, dass sich diese Entwicklung zum Handelsvorteil beider Seiten fortsetzen und ausdehnen wird.

Ich darf am Ende dieses Beitrags Generaldirektor Ludwig Scharinger für seinen großen persönlichen Einsatz zur Stärkung der wirtschaftlichen Verbindungen zwischen Europa und dem Fernen Osten danken. Scharinger leistet in Österreich vorbildliche Arbeit. Man hört seine Trompete in nah und fern!

Persönlichkeit

Jeder benötigt einen wohlmeinenden Spiegel
Man sollte sich selbst kennen, damit man weiß, was einem gut tut

Um sich verwirklichen zu können, egal ob in beruflicher oder privater Hinsicht, ist es notwendig, sich selbst gut zu kennen. Man sollte sich seiner Stärken bewusst sein, damit man sie in den richtigen Situationen einsetzen kann. Es ist schwierig, sich selbst ganz nüchtern zu betrachten, und deshalb brauchen wir jemanden, der uns dabei hilft. Jeder benötigt einen wohltuenden und wohlmeinenden Spiegel. In vielen Fällen ist das die eigene Partnerin bzw. der Partner oder aber auch ein anderer Vertrauter. Ein echter Freund ist jemand, der dich auch auf Unangenehmes hinweist, auf Dinge, die man vielleicht gar nicht so gerne hören möchte. Wenn dir jemand ständig nach dem Mund redet, ist das meistens ein verdächtiges Zeichen. „Freunde", die dir ständig zustimmen und nie eine ehrliche Meinung vertreten, haben fast immer Hintergedanken und wollen dich durch ihr stetes Einverständnis auf ihre Seite ziehen.

Es ist wichtig, jemanden zu haben, der einen auf gewisse Fehler wohlwollend aufmerksam macht. Bei mir ist das meine Frau, aber auch ich versuche, für sie ein Spiegel zu sein, der ihr offen und ehrlich gegenübertritt und ihr hin und wieder einen Denkanstoß gibt. Mein Problem ist, dass ich zu viele Leute kenne, die mich instrumentalisieren wollen. Darunter leidet auch meine Umgebung, vor allem meine Assistentinnen. Zu viele Leute verlangen von meinen Mitarbeiterinnen, dass ihre Telefonate zu mir durchgestellt werden, damit sie einen persönlichen

Vorsprachetermin bekommen. Es gibt viele, die sofort eine Antwort wollen. Sie möchten, dass Unmögliches möglich gemacht wird, und das sofort.

Mit Geld Werte zu schaffen bedeutet, dass man zu essen hat, dass man die Freizeit vernünftig nützt und dass man etwas für seine Gesundheit tut. Man soll sich selbst gegenüber nicht den Anspruch erheben, immer voll leistungsfähig zu sein. Menschen, die meinen, stets 100 Prozent geben zu müssen, sind durch ihre Verbissenheit kaum zu ertragen. Der Mensch soll ruhig auch seine weniger perfekte Seite haben und Fehler zeigen. Dies liefert zwar Angriffsfläche, beweist aber auch, dass sich hinter einem noch so geschickten Geschäftsmann doch nur ein Mensch verbirgt.

Wer meint, ganz perfekt zu sein, liegt schon daneben. Denn dann beginnt man, die Menschen zu kategorisieren. Und damit hört man auf, auf die Menschen zuzugehen. Ich habe oft eine lange Telefonliste von Leuten, die ich zurückrufen soll. Oft sage ich zu meiner Assistentin: „Nein, das mache ich nicht!" Sie fragt mich dann, ob sie den Anrufer von der Liste streichen soll. Es kann sein, dass ich dann erst ein paar Tage später zurückrufe, wenn mich das schlechte Gewissen packt. Dabei mache ich immer wieder die Erfahrung, dass es doch gut war, dass ich angerufen habe. Man täuscht sich immer wieder.

Bei heiklen Themen oder Briefen bewährt es sich, nicht sofort aus der vollen Emotion heraus zu antworten. Man reagiert mit Sicherheit falsch, wenn man zeitlich unter Druck steht, nicht die entsprechende Ruhe hat oder einem die notwendigen Informationen nicht zur Verfügung stehen. Nachhaltige Entscheidungen benötigen Ruhe, Gelassenheit und ein ausgeglichenes emotionales Befinden.

Ich sage auch immer, dass man Erfolge feiern muss. Denn wer das Feiern verlernt hat, hat auch das Menschsein verlernt. Meine Frau fragt mich ab und zu: „Wenn ihr bereits mit euren Geschäften fertig seid, warum müsst ihr euch noch zusammensetzen? Eigentlich könntet ihr doch heimgehen." Ich antworte in so einem Fall:

„Weißt du, Anneliese, erstens halte ich es aus, und zweitens brauche ich das." Bei meinen Besuchen in den Raiffeisenbanken habe ich das besonders deutlich zu spüren bekommen. Wenn man eine „scharfe" Sitzung hatte, muss man anschließend ins Wirtshaus gehen, damit die Mitarbeiter und Funktionäre dich dort „angreifen" können. Innerhalb dieses weniger formellen Rahmens erfährt man dann oft, worum es wirklich geht und warum sie es gerade so und nicht anders gemacht haben. Es ist wichtig, beide Seiten der Beziehung zu sehen, und die des Gegenübers kann man oft erst nach einem zwanglosen Gespräch im Gasthaus nachvollziehen.

Natürlich muss man trotzdem immer eine gewisse Distanz wahren, um die eigene Position bei Geschäftsabschlüssen authentisch vertreten zu können.

Vertrauen ist sehr motivierend
Wer die Menschen mag, verfügt über ein großes Netzwerk

Das Wirtschaftsblatt hat einen Dozenten der Wiener Wirtschaftsuniversität beauftragt herauszufinden, wer die besten Netzwerker in Österreich sind. Ich bin hier zweimal als Sieger hervorgegangen. Bei der Präsentation des Rankings auf der Universität wurde ich gefragt, wie ich das schaffe. Ich habe ihnen gesagt, dass ich gerne mit Menschen in Kontakt trete und mit ihnen zusammen bin. Ich bin ein Menschenfreund.

Ein Paradebeispiel fürs Netzwerken ist für mich der Opernball. Die Privatbank der Raiffeisenlandesbank sponsert die Bundestheaterverwaltung. Diese hat ihre Kassen für den Kartenverkauf im Erdgeschoß unserer Bank im ersten Wiener Gemeindebezirk gegenüber der Staatsoper. Das Sponsoring ist nicht billig, als ein Entgegenkommen überlässt mir Generalsekretär Georg Springer seine Loge am Opernball. Diese Gelegenheit, mit interessanten Menschen zusammenzukommen, nütze ich gerne. Meine Frau muss einen Teil des Abends auf mich verzichten, denn ich stehe am Gang vor der Loge und mache meine Geschäfte. Alle kommen vorbei, angefangen beim Bundespräsidenten über den Kanzler bis hin zu den Ministern. Ich habe den neuen deutschen Wirtschaftsminister getroffen, der mir in einer Sache bei der Bank für den Wiederaufbau (KfW) behilflich war. Wenn ich in Berlin bin, werde ich ihn besuchen. Am Opernball treffe ich meist Menschen, die ich das Jahr über nicht sehr oft sehe. Die Atmosphäre ist eine zwanglose, die es zu nutzen gilt, und ich erspare mir dadurch sehr viele Termine. Ein Fotograf dokumentiert diese Zusammentreffen, und ein paar Tage später werden die Fotos mit netten Worten von mir an die Betreffenden verschickt.

Von der Abendgarderobe bin ich weniger begeistert, ich fühle mich im Frack nicht besonders wohl, ein Smoking wäre mir lieber, aber das muss ich in Kauf nehmen. Bis zum Ende des Balls habe ich unzählige Visitenkarten eingesammelt, und in den darauf folgenden Tagen steht eine ganze Menge Arbeit am Programm. An keinem anderen Abend im Jahr treffe ich so viele wichtige Persönlichkeiten wie am Opernball. Meine Frau fragt mich jedes Jahr, wie oft sie den Ball noch besuchen müsse. Meine Antwort darauf lautet: „Solange ich noch Generaldirektor bin und wir die Loge haben, sollst du mich begleiten."

Um ein großes Netzwerk aufzubauen, muss man bereit sein, sich auf die Menschen einzulassen, und offen für Gespräche sein. Bei einem Empfang in der Tschechischen Botschaft in Wien habe ich den österreichischen Botschafter aus Berlin betroffen. Aus Einsparungsgründen waren in Berlin alle Empfänge gestrichen worden. Ich habe dem Botschafter ein Sponsoring vorgeschlagen, im Gegenzug konnten wir 20 deutsche Topkunden und fünf Berater unserer Filialen in Bayern zum Empfang einladen. Während dieses Abends habe ich den deutschen Finanzminister Wolfgang Schäuble kennen gelernt. Ich sagte zu ihm, es sei mir immer schon klar gewesen, dass er Finanzminister werden würde. „Warum denn?", fragte er mich. „Weil Sie als Schwabe den Berlinern das

Sparen beibringen müssen." Er hat sehr herzlich gelacht und wurde immer gesprächiger. Wir haben eine Stunde lang über alles Mögliche geredet, so zum Beispiel über den Europäischen Währungsfonds, die Rolle der Europäischen Zentralbank oder die osteuropäischen Währungen. Ich habe noch mit keinem deutschen Finanzminister so viele Themen besprechen können. Er fragte mich, was denn ich an seiner Stelle täte. „Ich würde die Steuergesetze radikal vereinfachen. Ihr habt Steuergesetze für die Finanzberater, aber nicht für die Steuerzahler", antwortete ich ihm. „Die Steuerzahler verstehen die Gesetze nicht. Je einfacher diese Gesetze sind, umso schneller bekommt ihr das Geld, umso weniger kostet das Eintreiben der Steuern und die Verfolgung von Steuerhinterziehern." Schäuble hat genau zugehört. Ich habe meine Aussagen mit einem Beispiel belegt – mit dem Vergleich zwischen der österreichischen Kapitalertragssteuer (KESt) und der deutschen Zinsabschlagssteuer. In Österreich wird die KESt von der EDV der Banken automatisch erfasst und abgeführt, die deutsche Regelung erfordert dagegen einen hohen Verwaltungsaufwand. Schäuble war außerordentlich interessiert, und seit diesem Gespräch habe ich einen guten Zugang zu ihm.

Die elektronischen Kommunikationsmöglichkeiten sind zwar ein großer Fortschritt, ersetzen jedoch den persönlichen Kontakt nicht. Warum ist dieser so wichtig? Man muss lernen, mit der Mentalität der Menschen richtig umzugehen, was beispielsweise bei Wienern ganz wichtig ist. Man bekommt bei ihnen nie ein klares Ja oder Nein. Deswegen erfordert eine Geschäftsbeziehung die Fähigkeit zu erkennen, in welche Richtung der Gesprächspartner tendiert. Ein gutes Beispiel dafür ist Vizekanzler Josef Pröll, bei dem ich sofort spüre, ob ihn ein Thema anspricht oder nicht. Selbst wenn er nicht interessiert ist, bleibt er sehr höflich, schmunzelt aber dabei.

Es ist ein Vorteil für mich, dass ich in die Querelen der Wiener Szene nicht involviert bin, weshalb auch so manche Investoren zu mir kommen. Zum Beispiel der ehemalige sozialdemokratische

Vizekanzler und Industrielle Hannes Androsch. Mit ihm verbindet mich ein gutes Verhältnis, weil wir offen und ehrlich miteinander umgehen, ohne dass wir uns gegenseitig verletzen.

Der entscheidende Punkt ist das Vertrauen. Man muss sich die Menschen genau ansehen, mit denen man sich einlässt. Ist erst einmal das Vertrauen hergestellt, kann das sehr motivierend sein. Ich habe es oft mit Persönlichkeiten zu tun, die ein sehr hohes Kontrollbedürfnis haben, doch Kontrolle und Misstrauen machen die Sache schwierig. Politiker haben meist einen harten Aufstieg an die Spitze hinter sich, aber Verhaltensweisen, die sie im Kampf nach oben gebracht haben, bringen sie später oft nicht weiter. Ihnen fehlt es an einer gewissen Lockerheit, sie vertrauen zu wenig auf ihr Herz und ihr Gespür.

Ich nutze jede Veranstaltung, um Kontakte zu knüpfen. Ich versuche auch, meine Kollegen im Vorstand und meine Mitarbeiter zu motivieren, sich bei Veranstaltungen und Empfängen unter die Gäste zu mischen und von Tisch zu Tisch zu gehen. Manche tun sich dabei leichter, andere schwerer, manche Mitarbeiter sitzen mir zu lange Zeit an einem Tisch. Man muss das Naturell und die Gabe haben, gerne mit Menschen zu reden. Die Gäste sind in der Regel sehr offen, wenn man sie anspricht. Sie fühlen sich geehrt und verschließen sich nicht. Das ist die Gelegenheit für gute Gespräche.

Es kann vorkommen, dass ich von Gesprächspartnern mit verletzenden Worten angeredet werde. Ich bin deswegen nicht beleidigt, aber als Konsequenz daraus meide ich den Kontakt mit der betreffenden Person. So jemand ist mir einmal so halb nachgegangen. Ich habe es bemerkt, mir aber gedacht, ich halte ihn auf Distanz und „bestrafe“ ihn mit „Liebesentzug“. Daraufhin hat er einen Vorstandskollegen angesprochen, der mich in der Folge gefragt hat, warum ich denn auf diese Person schlecht zu sprechen sei. Ich habe ihm geantwortet, ich sei nicht böse, aber wenn ich ihn nett anspreche, erwarte ich, dass ich eine adäquate Antwort bekomme. Die Kommunikationsprobleme wurden bereinigt und eine angemessene Gesprächsebene wiederhergestellt.

Ich bin ein durch und durch politischer Mensch
Der größte Diebstahl ist, einem Menschen die Zeit zu stehlen

Ich hatte einen politischen Lehrmeister: Erwin Wenzl, Landeshauptmann von Oberösterreich zwischen 1971 und 1977.

Manche gehen verkrampft in die Politik, weil sie unbedingt etwas werden wollen. Dieses Bedürfnis habe ich nie gehabt, obwohl ich ein durch und durch politisch denkender Mensch bin. Im Jahr 1999 war ich als potenzieller Finanzminister im Gespräch, als SPÖ und ÖVP den Versuch unternahmen, neuerlich eine große Koalition zu bilden. Aber auch diese Funktion habe ich abgelehnt. Mein Verhältnis zum ehemaligen Bundeskanzler Wolfgang Schüssel war ausgezeichnet. Er hat oft gesagt: „Du, wenn du nach Wien kommst, schau bei mir vorbei!" Er hat gewusst, dass ich ihn nur eine Viertelstunde aufhalten würde. Wir sind stets sofort auf den Punkt gekommen, um nicht unnötig Zeit zu verschwenden.

Der größte Diebstahl ist, einem Menschen die Zeit zu stehlen. Das ist schlimmer, als einem Menschen Geld wegzunehmen. Denn Geld kann man wieder erwirtschaften, nicht aber die Zeit, sie ist definitiv weg. Schüssel war ein sehr schneller Denker. Eines hat er also nicht vertragen – dass man endlos „herumeierte".

In der Endphase seiner Kanzlerschaft hat Schüssel zu wenig auf seine Umgebung gehört und sich nur mehr auf sich selbst verlassen. So hat er um einen halben Prozentpunkt den Wahlsieg verfehlt. Ich hatte ihm vorgeschlagen, den Mindestpensionisten wegen des strengen Winters einen Heizkostenzuschuss auszuzahlen. Wäre Elisabeth Gehrer nicht neuerlich als Unterrichtsministerin angetreten und hätte Schüssel an ihrer Stelle eine junge Nachfolgerin nominiert, hätte die ÖVP nicht so viele Lehrer-Stimmen verloren. Dazu kam noch der Ankauf der Eurofighter, und das zur Unzeit. Bei der Pensionsreform war es hingegen gut, dass er konsequent geblieben ist. Hier hat er sehr viel bewirkt.

Das Problem des derzeitigen SPÖ-Vorsitzenden und Bundeskanzlers Werner Faymann ist, dass er fürchtet, es würde ihm wie dem ehemaligen deutschen Kanzler Gerhard Schröder ergehen. Er befürchtet eine Abspaltung des linken Flügels. Seine Bedenken sind jedoch unberechtigt, denn dieser Flügel hat nicht die Führungsfigur eines Oskar Lafontaine. Ich sehe in der SPÖ weit und breit kein Kaliber dieser Art. Faymann sollte aber wissen – und darüber haben wir des Öfteren gesprochen –, dass er verlieren wird, wenn er von der Mitte abrückt, weil ihm dann viele, die bisher mitgegangen sind, abhandenkommen würden. Auch Gewerkschafter wissen, dass das, was in den Betrieben nicht produziert und erwirtschaftet wird, in der Folge nicht verteilt werden kann. Das kann nicht eingefordert werden. Es ist falsch, ständig über die Einführung neuer Steuern nachzudenken. Die Überlegungen sollten sich viel eher darauf beziehen, wie wir wieder mehr Wachstum schaffen können, womit auch wieder die Einnahmen der öffentlichen Hand steigen würden. Wenn es gelingt, die Ausgaben zu stabilisieren, die Bildungs- und die Gesundheitspolitik sowie die Sozialversicherungsträger neu zu strukturieren, dann gelingt die Budgetkonsolidierung ohne schmerzhafte Eingriffe. Ich wünsche sowohl Werner Faymann als auch Josef Pröll, dass ihnen das gemeinsame Handeln im Sinne des schönen Landes Österreich wichtiger ist als wortgewaltiges Agieren, um manche Flügel in den eigenen Parteien befriedigen zu können.

Ich fresse negative Dinge nicht in mich hinein
Es ist gut, wenn sich die Spannung entlädt

Ich bin einer, der Ärger und negative Vorkommnisse nicht in sich hineinfrisst, sondern herauslässt. Es kann vorkommen, dass ich manchmal verbal auf den Tisch haue, heftig und ungeduldig bin. Ich bezeichne mein Verhalten als „verbale Stuhlgänge“. Hin und wieder brauche ich sie. Zu solchen Explosionen kommt es meist dann, wenn alle auf einmal etwas von mir wollen. Jeder hat seine Anliegen und für jeden ist das eigene Anliegen natürlich das dringendste. Es ärgert mich zum Beispiel, wenn Dinge nicht erledigt worden sind, obwohl das vereinbart wurde, oder wenn bei wichtigen Besprechungen vermeintlich dringende Telefonate durchgestellt werden. Es gibt Menschen, die sind bei meinen Assistentinnen ausgesprochen lästig und betonen ununterbrochen ihre Wichtigkeit, damit sie dann doch durchgestellt werden. Manche sind in ihrer Vorgehensweise derart dreist, dass sie sogar Vorwände vorschicken, die sich dann als unwahr herausstellen. Sie behaupten zum Beispiel, dass sie mit mir in die Schule gegangen wären.

Die exakte Aufarbeitung und Vorbereitung von Projekten sind mir wichtig. Manchmal fehlen Unterlagen und Informationen. Ich darf hier nicht zulassen, dass die Dinge dennoch „durchgedrückt“ werden. Ich bestehe darauf, dass mir die wichtigen Papiere zugestellt werden. Wenn es zeitlich nicht anders möglich ist, nehme ich sie mit auf die Dienstfahrten, um sie während der Autofahrt zu studieren. Wenn Fristen einzuhalten sind, müssen wir manchmal zwischendurch halbstündige Besprechungen einschieben.

Macht ist Gestaltungskraft
Meine Schale ist rau, aber dahinter steckt ein weicher Kern

Mit dem Begriff Macht kann ich wenig anfangen, er ist negativ besetzt. Hier habe ich vom ehemaligen Bundeskanzler Bruno Kreisky gelernt: Wenn eine Bezeichnung von den Menschen negativ gesehen wird, muss man eine andere wählen. Ich bevorzuge den Begriff der Gestaltungskraft.

Ich bin kein Machtmensch. Meine Tochter Eva ist der Meinung, ich hätte einen viel zu weichen Kern. Die Schale ist eine raue, aber mein inneres Wesen ist weich. Es ist für mich eine

Qual, Menschen leiden zu sehen. Diese Sensibilität beinhaltet aber eine gewisse Gefahr für mich: die des Benutzt- und Ausgenutzt-Werdens.

Dass ich von manchen Außenstehenden als Machtmensch gesehen werde, hängt wahrscheinlich damit zusammen, dass ich bekannt dafür bin, Vorhaben konsequent umzusetzen. Die Raiffeisenlandesbank hat eine Problemlösungskompetenz, die vielen abhandengekommen ist, weil sie sich nicht trauen. Wenn wir die Möglichkeit haben, Wertschöpfung zu generieren, dann machen wir das. Ein Beispiel ist die thermische Sanierung von 10.000 Häusern. Die Familien erhalten ein erneuertes Zuhause, es wird viel Energie gespart, Österreich muss weniger Gas und Öl importieren, und die lokalen und regionalen Betriebe erhalten Aufträge. Das ist eine „Win-win-Situation". Wenn ich das weiß, dann ertrage ich es nicht, nur zuzuschauen – ich will die Projekte umsetzen. Die Menschen sagen dann, der Scharinger macht das, er zieht das durch und er kriegt das auch hin.

Die entscheidende Frage für Projekte dieser Art ist, ob eine sauber durchdachte Konzeption dahintersteckt. Diese muss bis ins Detail stimmen. Wenn sie vorliegt und konsistent ist, akzeptiere ich die Vorhaben. Mit „hatscherten" Lösungen kann ich nichts anfangen.

In meiner Arbeit kommt mir auch mein genaues Gedächtnis zugute. Ich würde sogar von einem Elefantengedächtnis sprechen. Wenn ich mir Zahlen ansehe, merke ich bei der ersten Durchsicht sofort, wenn eine Ziffer nicht stimmen kann. Diese Fähigkeit habe ich in der Mittelschule in Wieselburg gelernt. Wir mussten mit dem Rechenschieber arbeiten und ein Plausibilitätsdenken entwickeln. Manche haben sich da sehr schwergetan, aber bei mir stellt Plausibilitätsdenken eine meiner wichtigsten Stärken dar.

Wissen ist wichtig für die Gestaltungskraft. Wenn man nichts weiß, kann man nichts unternehmen. Aber darauf kommt es an. Ebenso wichtig ist das Prozedere, die Art und Weise der

Umsetzung. Manche reden hier kompliziert herum, das mache ich nicht. Man muss das Wesentliche einfach darstellen. Strategie ist nichts anderes, als einen komplexen Zusammenhang in einfache Schritte zu gliedern und festzulegen, dazu kommt die Definition des Ziels. Man muss die Themen ganz einfach rüberbringen.

Wer dazu nicht fähig ist, fängt falsch an. Der eine Mitarbeiter beginnt da, der andere dort, man kommt gemeinsam nicht weiter. Mir fällt das oft bei Besprechungen auf, wenn die Teilnehmer kompliziert zu reden beginnen, alles Mögliche ein wenig ansprechen. Dann greife ich ein und sage: „So schaffen wir das nicht!“ Ich verlange, dass das Ziel definiert wird. Es muss festgelegt werden, wo der Vorteil für den Kunden liegt. Wenn der nicht gegeben ist, dann hat das Vorhaben zu kurze Beine.

Stets habe ich den Wissenschaftstheoretiker Sir Karl Popper sehr geschätzt. Er war für mich immer der Größte. Im Rahmen des „Forums Alpbach“ habe ich ihn einmal persönlich erleben dürfen. Popper hat schwierige Zusammenhänge einfach erklärt. In seiner Wissenschaftstheorie habe ich gelernt, dass gute Wissenschafter eine Nase, ein Sensorium dafür haben, was relevant und nicht relevant ist, um die Arbeitshypothese richtig zu setzen.

Es ist im Leben entscheidend, dass man auf das Wesentliche kommt und dieses Wesentliche in einfachen Worten vermittelt. Man definiert eine Strategie, das heißt, man macht das Projekt operationalisierbar, man legt das Ziel fest. Ist das Ziel nicht eindeutig fixiert, kann man auch nicht überprüfen, ob man es erreicht hat.

Heute staune ich, wie exakt unsere Planungsprozesse ablaufen. Punktgenau landen wir bei den Ergebnissen. Wenn es eine Abweichung gibt, merken wir es sofort und überprüfen die Fehlerquellen. Vielleicht hat es auch keinen Sinn mehr, weiterzumachen? Dann muss man etwas anderes forcieren. Darin liegt meine Aufgabe – ständig zu steuern und zu lenken.

Über den Umgang mit Druck und risikoreichen Entscheidungen

Schlaflose Nächte kenne ich kaum

Wenn ich für die Bank wichtige Entscheidungen zu treffen habe, lasse ich den „Worst Case“ erarbeiten. Was passiert, wenn alles schiefläuft? Können wir uns das leisten, könnten wir diese Verluste wegstecken? Je größer das Risiko ist, umso stärker müssen wir hier Klarheit schaffen, umso mehr qualifizierte Mitarbeiter und Experten muss ich einsetzen. Alles muss sauber gecheckt werden. Ich muss an dem Thema dranbleiben, muss die Materie verinnerlichen und darf die Gruppe nicht allein lassen.

Druck entsteht erst dann, wenn man merkt, dass man alle Chancen, die man gehabt hätte, nicht genutzt hat, um das Problem in den Griff zu bekommen. Wenn man aber alles getan hat und das Risiko doch schlagend wird, muss man es auch wegstecken können. Ich gehe dann nicht einfach zur Tagesordnung über, wie das manche machen. Man muss die Strukturen und die Organisation so gestalten, dass Verluste in Zukunft möglichst nicht mehr vorkommen. Man muss intern ganz klar signalisieren, dass uns das nicht mehr passieren darf.

Schlaflose Nächte habe ich deswegen nicht, dazu habe ich einen zu guten Schlaf. Für gewöhnlich falle ich ins Bett und schlummere sofort weg, komme aber mit sechs Stunden Schlaf aus – von Mitternacht bis sechs Uhr früh. Samstags schlafe ich zwei Stunden länger. Auch wenn man Sorgen hat, darf man sich nicht um den Schlaf bringen lassen, denn das verschlechtert die Situation nur. Natürlich gelingt das nicht immer.

Das „Aha-Erlebnis“ auslösen
Es soll niemand überfordert werden

Kurt Rothschild, ehemals Professor für Volkswirtschaft an der Universität, hat bei einem Vortrag in der Raiffeisenlandesbank gemeint, die Investmentbanker würden nur mehr in Fremdwörtern reden. Sie hätten ihre eigene Sprache entwickelt, die kaum noch jemand verstehen könne. Er hat Recht. Ich weise meine Mitarbeiter stets darauf hin, Abkürzungen wegzulassen und in einer einfachen Sprache zu kommunizieren, damit die Menschen wissen, was auf sie zukommt.

Während meines Studiums an der Linzer Johannes Kepler Universität hat uns Theodor Scharmann, Professor für Sozialpsychologie, gelehrt, dass es darum gehe, bei den Angesprochenen das „Aha-Erlebnis“ auszulösen, damit diese aus sich heraus unvermittelt antworten: „Ja, genau, warum haben wir das eigentlich nicht schon früher gemacht?“ Wenn das Aha-Erlebnis funktioniert, dann hat jeder die Sache verstanden und geht mit, dann fühlt er sich sicher. Er weiß, wie der nächste Schritt aussehen wird, und kann sich darauf einlassen. Das vermittelt Sicherheit, und die wiederum vertreibt die Angst. Und das motiviert und beflügelt letztendlich zu Höchstleistungen.

Bei dem, was man macht, ist ganz entscheidend, dass man es versteht. Dann fühlt man sich wohl mit seinen Aufgaben und erkennt, dass sie sich bewältigen lassen. Die Gefahr einer Überforderung, die durch Unsicherheit entstehen kann, ist somit gebannt.

Wie ich mein Vermögen anlege
Persönlich brauche ich nur wenig Geld

Ein ORF-Journalist hat mich einmal gefragt, was ich mit dem Geld mache, das ich als Generaldirektor verdiene. Ich habe ihm geantwortet, dass ich so viel Arbeit habe, dass ich nicht einmal

Zeit habe darüber nachzudenken, geschweige denn, es auszugeben.

Meine Frau und ich haben ein schönes Haus in Linz-St. Magdalena, das wir großzügig renoviert haben. Ein bisschen etwas habe ich veranlagt, damit ich eine Reserve habe, wenn ich in Pension gehe. Man weiß nie, ob man nicht da und dort etwas braucht. Die eiserne Reserve liegt am Sparbuch, zusätzlich habe ich noch Anleihen und einige Aktien der voestalpine. Mit diesen Aktien darf ich aber nicht handeln, da ich als stellvertretender Aufsichtsratsvorsitzender ein permanenter Insider bin.

Persönlich brauche ich wenig Geld, lediglich für die Anzüge. Weiters für all die Vereine, bei denen ich Mitglied sein muss, für die Enkelkinder und für die eine oder andere Runde in den Wirtshäusern, die ich, wenn es passt, zu zahlen habe. Beim Tarockieren halten sich Gewinn und Verlust die Waage. Beim Jagen brauche ich etwas Geld, aber ich habe nicht so viel Zeit dafür, weswegen sich die Ausgaben auch da in Grenzen halten.

Über Erwartungshaltungen der Familie gegenüber *Krankheiten und Fehler haben mich milder werden lassen*

Als ich meine Frau nach der Geburt von Judith, unserer ersten Tochter, aus dem Krankenhaus abgeholt habe und wir zu Hause angekommen sind, haben wir gespürt, wir sind jetzt eine Familie. Ab diesem Zeitpunkt waren wir dazu verpflichtet, füreinander Sorge zu tragen. Ich habe damals noch studiert, war aber schon in der Endphase des Studiums.

Ich habe versucht, Familie und Beruf möglichst gut miteinander zu vereinbaren. Ich erinnere mich an eine Veranstaltung in Großraming (Oberösterreich), wo ich am Sonntagvormittag das Referat bei der Jahreshauptversammlung der dortigen Raiffeisenbank halten sollte. Ich habe meine Frau überreden können, gemeinsam mit den Kindern mitzukommen. Wir beide saßen im Auto vorne, die vier Töchter auf der Rückbank. Wir besuchten die Messe, und anschließend war im Gasthaus die Versammlung. Draußen hat es sehr stark geregnet, weshalb meine Frau und die Kinder mit in den Saal kamen. Der Raum war groß und es gab keine Mikrofone, also war ich gezwungen, laut zu reden. Als ich fertig war, sauste Zita, die Kleine, zu mir und fragte mich, wieso ich denn mit den Menschen so geschimpft hätte? Das Inhaltliche hat sie natürlich nicht mitbekommen, meine Wirkung nach außen aber schon.

Es war schön, aber nicht immer einfach. Die Töchter haben mich beruflich nicht immer verstanden, sie waren ab und zu traurig, weil ich zu wenig Zeit hatte. Wenn ich heimkam, war ich meist todmüde. Es war aber schön, wenn meine Frau und meine Töchter mich bei Veranstaltungen begleitet haben, vor allem in der Zeit, als die Mädchen noch klein waren. Sie sind von den Menschen sehr nett aufgenommen worden. Meine Frau ging von Tisch zu Tisch und hat sich speziell mit den Ehefrauen unterhalten. Meine Töchter haben hier miterlebt, was ich als Vater zu tun hatte. Manchmal habe ich sie als sehr lustig und interessiert empfunden.

Bei den vier Töchtern werde ich immer großzügiger. Früher war ich hinsichtlich der Karriere meiner Kinder viel ehrgeiziger. Ich habe Rückschläge in meinen Erwartungen an sie hinnehmen müssen, was mir manchmal schwergefallen ist. Aber auch ich habe dazugelernt, und inzwischen kann ich mit ihren Wünschen und Vorstellungen umgehen. Wenn ich mich aber doch hin und wieder über die Kinder ärgern muss, gehe ich etwas auf Distanz, und der Kontakt schränkt sich für einige Zeit ein bisschen ein.

Als Generaldirektor der Bank bin ich gewöhnt, dass ich meine Vorstellungen umsetze. Zu Hause ist das aber nicht immer der Fall, und ich sehe mittlerweile ein, dass es dann und wann besser ist, wenn ich es einfach lasse, sonst fühlen sich die Kinder noch stärker unter Druck gesetzt oder zu sehr bevormundet. Dass alle Mädchen die Matura absolvierten, war mir aber ein großes Anliegen, und ich war sehr dahinter, dass sie diesen Abschluss erreichten. Die Schullaufbahnen waren ein Auf und Ab, meine Töchter waren nicht schlecht, aber auch keine Musterschülerinnen.

Ab dem Zeitpunkt der Matura fühlte ich mich nicht mehr so stark verantwortlich. Ich freue mich, wenn sie mit dem, was sie machen, glücklich werden und einen vernünftigen Partner haben bzw. finden. Die Töchter waren meiner beruflichen Laufbahn gegenüber kritischer als meine Frau Anneliese.

In Bezug auf die Ehe mit Anneliese hoffe ich, dass es uns weiterhin gut geht und wir zueinander nett und liebevoll sind. Ich freue mich immer wieder über das gemeinsame „Wohnen" und versuche, ihr viel Freiraum zu lassen. Sie kann sich die ganze Woche so einteilen, wie sie das gerne möchte. Ein für sie sehr wichtiger Termin ist die Probe des Kirchenchores St. Magdalena, freitagabends. Früher habe ich mich darüber geärgert, dass das wöchentliche Singen im Chor für sie wichtiger war, als mich bei wichtigen Terminen zu begleiten. Heute bin ich deswegen nicht mehr verärgert, ich gönne ihr die Freude daran und fahre dann eben allein zu meinen Treffen.

Das Durchstehen von Krankheiten und das Erkennen meiner eigenen Fehler haben mich im Gegensatz zu früher milder werden lassen.

Man soll sich selbst nicht so wichtig nehmen
Wir leben von Herzschlag zu Herzschlag

Je älter ich werde, umso stärker merke ich, dass Dinge, die mir früher sehr wichtig waren, heute nicht mehr im Vordergrund stehen. Ich muss zum Beispiel nicht mehr bei jeder Veranstaltung dabei sein, denn ich glaube, man sollte sich selbst nicht zu wichtig nehmen.

Das hat auch seine Vorteile. In der Bank bin ich dann gelassener, wenn es zeitlich nicht drunter und drüber geht. Aber wenn man mir alles auf den Tisch legt, dann muss es schnell gehen. Bei der Postsitzung um 7.30 Uhr früh muss die Post rasch erledigt werden. Die Assistentinnen und Assistenten müssen mit voller Konzentration dabei sein, damit kein Thema und keine Information abhandenkommen. Es darf kein Problem ungelöst liegen blieben.

Wenn einmal ein Termin ausfällt, freue ich mich über die „freigeschaufelte“ Zeit. Als das kürzlich der Fall war, bin ich mit den Damen meines Sekretariats in die Konditorei Niemetz gegangen. Das haben wir früher kaum einmal gemacht.

Die Pension aktiv gestalten
Mehr auf die Gesundheit achten

Es ist mir wichtig, dass die Menschen sehen, was wir alles geschafft haben. Ich bin in die Raiffeisenlandesbank am 1. April 1972 eingetreten. Nach 40 Jahren werde ich am 31. März 2012 ausscheiden. Ich habe in der Bank mehr Zeit verbracht als mit meiner Familie. Die Bank ist inzwischen zur größten Regionalbank Österreichs gewachsen.

Wenn ich in Pension gehe, werde ich das machen, was jetzt zu kurz kommt. Im Sommer werde ich dann statt einer Woche zwei Wochen in Grado an der italienischen Adria verbringen. Ich möchte mehr Zeit für meine Frau und für meine Freunde haben, aber ich will auch auf dem Laufenden bleiben, was sich im Raiffeisen-Sektor und in der Wirtschaft abspielt. Ich habe so viele Anfragen, ob ich nicht da oder dort noch in den Aufsichtsrat gehen würde. Ich werde einige Aufsichtsratsposten abgeben, aber in einigen bleiben. Meinem Nachfolger werde ich sicher nicht über die Schulter schauen, denn das wäre sowohl für ihn als auch für mich unangenehm. Wir würden uns beide in unnötigen Stress versetzen.

In meiner Pension kann ich dann etwas mehr auf meine Gesundheit achten und einen geregelteren Tagesablauf als heute haben, ich werde mich aber sicher nicht gehen lassen. Die Bühne vollkommen zu verlassen, kann ich mir nicht vorstellen, also möchte ich versuchen, meine Schwerpunkte zu verlagern. Möglicherweise werde ich die eine oder andere kirchliche Einrichtung unterstützen oder auch in der ÖVP mithelfen. Ich werde nicht mit Scheuklappen durch die Gegend laufen, sondern anhand meiner Erfahrungswerte versuchen, Brücken zwischen den Parteien, Generationen und Institutionen zu schlagen.

Über den Tod und das Weiterleben
Loslassen lernen

Auf den Tod sollte man sich vorbereiten. Genauso wie man das Anpacken in verschiedensten Lebenslagen lernen muss, ist auch das Loslassen eine wichtige Erkenntnis. Manchmal gerate ich in eine Situation, in der mir Dinge, die mir früher unheimlich wichtig waren, nicht mehr so zentral erscheinen. Je weniger wichtig einem Dinge werden, umso stärker kann man loslassen. Damit verliert man auch die Angst vor dem Tod, denn dieser kann auch eine Befreiung sein, aber so weit bin ich noch nicht, das dauert noch etwas.

Ich glaube an ein Weiterleben nach dem Tod.

Es gibt gute und schlechte Träume. Je stärker ich mich von den Belastungen befreit habe, je unverkrampfter und angenehmer der Tag war, umso schöner erlebe ich meine Träume. Besonders dann, wenn ich länger schlafen kann. Wenn ich mich hingegen geärgert oder etwas schlecht gemacht habe, dann kommen auch unweigerlich die belastenden Träume, die sich eben manchmal doch nicht vermeiden lassen. Sie sind einengend und angsteinflößend. Ich wache dann auf und schwitze, denn ich habe gekämpft. Meine Frau Anneliese fragt mich nach solchen Nächten manchmal: „Was war denn heute Nacht? Du warst unruhig!“ Dieses Aufarbeiten der schlechten und bedrückenden Ereignisse ist das, was man als Hölle bezeichnen kann.

Ich stelle mir vor, dass das Weiterleben nach dem Tod dem Träumen ähnlich ist. Je stärker man vor dem Tod losgelassen und sich befreit hat, umso schöner wird es sein. Das ist meine Hoffnung. Mit dem Aufstehen am Morgen wird man frisch und frei, das geht in Richtung Himmel. Das ist meine Welt. Je stärker man losgelassen hat, umso leichter wird es sein.

Alles für den Weg nach oben.

Gansterer, Helmut A.
„ENDLICH ALLE ERFOLGSGEHEIMNISSE"
160 Seiten, EUR 19,95
ISBN: 978-3-902404-92-3

»Eine geistige Wellness-Oase in der Wüste der Ratgeber-Ödnis«
Angelika Hager, profil

»Verständlich, intelligent, locker. Das beste Erfolgs- & Karrierebuch«
Bernhard Ludwig, www.seminarkabarett.com

»Helmut A. Gansterer heißt HOHER AMÜSANTER GEWINN«
Robert F. Hartlauer, Unternehmer

»Es ist die Konstanz der Sprachpflege und Pointiertheit, die ich für preiswürdig und vorbildlich halte«
Ansgar Mayer, Studienleiter der Axel Springer Akademie, Berlin

In seinem »Opus Magnum« verdichtet der Autor die Erfahrung aus 10 Weltreisen, 20 Jahren als Chefredakteur und 30 Jahren als Herausgeber des Wirtschaftsmagazins »trend«. Er bietet eine neue Erfolgs-Systematik. Sie hilft Frauen und Männern, Grünschnäbeln und Silberpanthern auf dem Weg nach oben. Die zwölf elementaren Weisheiten und die vielen wichtigen Tipps können von allen sofort umgesetzt werden.

Spannend.

> Selbstbestimmung
> Perfektionierung
> Sinnerfüllung

Pink, Daniel H.
„DRIVE"
284 Seiten, EUR 21,90
ISBN: 978-3-902404-95-4

»Pinks Ideen sollten den Weg in alle Führungsetagen von Unternehmen finden. Wenn die Entscheidungsträger dieses Buch lesen, können sie auf teure Beratungsfirmen verzichten.«
Forbes

»Pink ist ein begnadeter Autor, dem es gelingt, schwer verdauliche wissenschaftliche Studien leicht und amüsant zu präsentieren, ohne dabei die intellektuelle Aussagekraft zu verlieren.«
New York Post

Versetzen Sie sich zurück in die Tage, als Internetverbindungen über Einwahlknoten zustande kamen und Blackberry lediglich die englische Bezeichnung einer Frucht war. Hätten Sie seinerzeit gewettet, dass eine Online-Enzyklopädie, erstellt von zehntausenden enthusiastischen Hobby-Autoren, fünfzehn Jahre später das professionelle Online-Nachschlagewerk eines der weltweit größten Softwareunternehmen in die Knie zwingen könnte? Wohl kaum. Denn wir alle sind überzeugt, dass Geld, Prestige, Bestrafung oder Belohnung die einzig wahren Motivatoren sind. Falsch gedacht. Bestsellerautor Daniel H. Pink eröffnet unbekannte, provokative und zukunftsweisende Wege, uns für die Herausforderungen unserer Zeit zu motivieren, egal ob im Beruf oder Privatleben.